中公新書 2172

白石 隆
ハウ・カロライン 著

中国は東アジアをどう変えるか

21世紀の新地域システム

中央公論新社刊

はじめに――なにが問いか

一九七〇年代末以降、この三〇年余の中国（中華人民共和国）の経済的躍進はよく知られている。一九八〇年、つまり、一九七八年に鄧小平《とうしょうへい》指導下の中国共産党が改革・開放を決定した二年後、中国のGDP（国内総生産）は二〇二〇億ドル、日本のGDPの一九％、米国のそれの七・三％にすぎなかった。それが二〇一〇年には五兆八七九〇億ドル、日本のGDPを凌駕《りょうが》した。

中国の世界経済、東アジア地域経済への統合も急速に進展した。一九八〇年、中国の輸出依存度（GDPに占める輸出総額の比率）は一二・五％、それが世界金融危機直前の二〇〇六年には六七％に達し、二〇〇九年現在、四四・三％となった。また、二〇〇九年、中国の貿易総額は二兆二〇七〇億ドル、ドイツを抜いて世界最大の貿易国となった。さらに、中国の外貨準備高は二〇〇八年に一兆八〇九〇億ドルに達し、ここでも日本を抜いて世界最大の外貨準備国となった。

中国はまたこの三〇年、東アジア地域有数の貿易国となった。中国は、日本と韓国にとってはすでに、輸出、輸入、いずれにおいても、最大の貿易相手である。また、インドネシア、フィリピン、タイ、ヴェトナム、ラオス、カンボジア、シンガポールにとっても、上位五位に入る貿易相手となっており、中国とASEAN（東南アジア諸国連合）の貿易額は二〇〇〇年の三五〇億ドルから二〇〇八年には七〇〇〇億ドルに倍増した。

中国の経済的台頭とともに、国防費も急増した。防衛省によれば（防衛省「国際軍事情勢」平成二一年〔二〇〇九〕一月）、中国の国防費は、中国政府の公表数値で見ても、一九八八年から二〇〇八年までの二〇年間で約一九倍に増え、二〇〇七年には五八三億ドル、米国の五四七〇億ドルと比較すればはるかに小さいものの、日本の四三六億ドルを凌駕する。また、米国によれば、中国の国防関連支出は、公表数値の二―三倍と言われる。中国の接近拒否戦略に基づく海、空、宇宙、サイバー空間における軍事能力の強化、空母、ステルス爆撃機、次世代戦闘機、ミサイル等の開発はその帰結である。

こうしてみれば、日本においても、海外でも、「中国の台頭」「中国の上昇」「パワー・シフト」「パワー・トランジション（力の移行）」、それどころか「パクス・シニカ（中国の平和)」「中国が世界を支配するとき」といったタイトルの本が次々と出版されていることもそれほど驚くにあたらないだろう。さて、それでは、中国の台頭によって、東アジア、さらに世界はどう変容しつつあるのか。この問題を理解するには、どのような問いを立てればよいのか。

「パワー・シフト」「パワー・トランジション」「パクス・シニカ」といったことばが、かりに米国から中国への「ヘゲモニーの交代」を意味するとすれば、そういうことはいまのところおこっていないし、遠い将来は知らず、これから二〇―三〇年の間におこるとも思えない。しかし、米国と中国の力のバランスが相対的に変わりつつあることは疑いなく、それが世界政治にどのような効果をもつかと問うのであれば、これについては二つ、対照的な答えがありうる。

たとえば、ジョン・アイケンベリーはこう主張する。IMF(国際通貨基金)、世界銀行、WTO(世界貿易機構)といったグローバル・ガヴァナンスの機関は、確かにかつては米国が中心になって作った。しかし、いまとなってみれば、これらの機構は米国の利益のためではなく、公共財として、日本、欧州等の先進諸国、さらには多くの発展途上国にとっても、それなりに有益な、意味のある国際機関になっている。したがって、かりに中国がこういう機構に代えて自分たちにもっと都合の良いものを作ろうとしても、世界的にこういう機構を支持する広範な連合ができており、容易に変えることはできない。その意味で、現在の世界秩序はそれなりに頑丈なもので、中国、さらには他の新興国の台頭によって、そう簡単に壊れるものではない。これが一つの考え方である。

これに対して、たとえば船橋洋一は、グローバル・ガヴァナンス・システムの将来について、はるかに悲観的な見方をする。中国はその経済規模において、日本を凌駕して世界第二位となったかもしれない。しかし、中国が発展途上国であることに変わりはない。同じことは、インド、ブラジル、南アフリカについても言える。これらの国々はすべて発展途上国で、大国として世界的な責任を果たすというより、国内的利益を優先する。その結果、これらの国々が現在のグローバル・ガヴァナンスのシステムを壊そうとしているわけではないが、WTOのドーハ・ラウンドが行き詰まっているように、こうしたシステムはこれからますます機能不全に陥っていく。つまり、世界はこれからますます多極化する。しかし、それに対応する多極主義(マルティラテラリズム)は生まれない。これがもう一つの考え方である。

これについてのわれわれの考えはアイケンベリーに近い。これから世界は、多くの人々が予想するように、米国の一極体制(ユニポーラリティ)から多極体制(マルティポーラリティ)にますます移行していくだろう。しかし、それによって世界が、米国、欧州、中国、そしておそらくインドを「盟主」として、冷戦時代のように、それぞれに閉じた勢力圏に分割されるとはとても思えない。

現在の世界には、第二次大戦後、米国のヘゲモニーの下に作られた多くの制度とそれを支える規範がある。中国、インドの台頭、世界的、地域的な富と力の分布の変化にともなって、国際連合、IMF、WTO、世界銀行、NATO（北大西洋条約機構）、EU（欧州連合）、ADB（アジア開発銀行）、ASEAN（東南アジア諸国連合）、米国を中心とする東アジアの地域的な安全保障システム等に支えられた秩序が全面的に変化するとは考えられない。これらの機構の有効性が落ちることは十分ありうる。しかし、そうなれば、なんとかしようとする勢力も出てくる。「パワー・シフト」「ヘゲモニーの交代」「多極化」といった大概念は、グローバル・ガヴァナンスの変容をうまく理解するにはおそらくあまり役に立たない。

同じことが東アジアについても言える。中国の台頭とともに、東アジアがさまざまに変容しつつあることは疑いない。しかし、そうした変化を、中国を中心とする一方向の変化と考えてはならない。中国の台頭とともに、東アジアにやがて中国中心の秩序ができるとは限らないし、そうしたきざしはいまのところほとんどない。

中国周辺の国々は、中国の大国化とともに、その対応に細心の注意を払うようになっている。しかし、それでは、これらの国々が中国になびき、あるいはおもねるようになっているかといえば、そうではない。中国の開発金融の規模は二〇〇九―一〇年、世界銀行の開発金融の規模を超えた。しかし、その結果、中国の企業が周辺の国々を席巻し、ときに「北京コンセンサス」と喧伝《けんでん》される中国の国家資本主義のモデルがこれらの国々で広く受け入れられるようになっているかと言えば、そうでもない。また、東アジア、特に東南アジアの「チャイニーズ（華人）」が、中国の台頭とともに、ふたたび、中国（中華人民共和国）の「中国人」のようになりつつあるかと言えば、そういうこともおこっていない。

中国の台頭にともなって東アジアは確かに変わりつつある。しかし、それがどのような変化かと問えば、それは非常に複雑で、錯綜《さくそう》し、多方向で、多義的である、というほかない。本書の目的は、そうした変化の大要を、東アジア地域システム、中国周辺の国々の行動、中国の経済協力、東南アジアのチャイニーズ（華人）の変容に注目しつつ検討し、いま中国の台頭によって東アジアがどう変化しつつあるか、それを素描するとともに、それを理解するためになにをどう検討すればよいか、その一つの試みを提示することにある。

目次

中国は東アジアをどう変えるか

21世紀の新地域システム

第一章　東アジア地域秩序の変容

東アジア地域システム——その原型

まずは、東アジア地域秩序の変容から考えよう。

第二次大戦後、東アジアに構築された地域システムがどのような構造的特徴をもっているか、このシステムがその生成以来、今日まで、どのように変容してきたかについては、すでに別の機会に論じている。したがって、ここでは、ヨーロッパ地域システムとの比較で、ごく簡単に東アジア地域システムの特徴を述べておく。

東アジアの地域システムは、第二次大戦後、米国のヘゲモニーの下に構築された。冷戦の初期、米国は東アジアにおいて二つの戦略目標に直面した。その一つは、国際共産主義の脅威にどう対処し、中国（中華人民共和国）、そしてもちろんソ連を、どう封じ込めるかであり、もう一つは、日本を経済的に復興させ米国の同盟国とする、しかし、日本が二度と米国の脅威とならないようにするにはどうするか、だった。この二つの問いに対する米国の答えが日米、米韓、米比などの二国間の安全保障条約、基地協定の束としての米国主導の「ハブとスポーク」の安全保障システムの編成と、経済における日本、米国、東南アジアの三角貿易体制の構築だった。

米国はこの時期、西ヨーロッパにおいても、二つの戦略的課題に直面した。その一つは、ヨーロッパにおける国際共産主義の脅威にどう対処し、ソ連をどう封じ込めるか、もう一つは、ドイツ（西ドイツ）を経済的に復興させ、同時にドイツが二度と米国とその同盟国の脅威とならないようにするにはどうするか、という問題だった。これについて米国は東アジアとは違う答えを出した。それが集団安全保障機構としてのNATOの編成、そして政治経済の面では独仏同盟を中核とし、やがてヨーロッパ経済共同体（EEC）、ヨーロッパ共同体（EC）、ヨーロッパ連合（EU）と発展する共同体構築だった。

米国はこのように、地域システムの編成について、東アジアと西ヨーロッパで違う戦略的答えを出した。これが地域システムの構造に決定的違いをもたらした。

西ヨーロッパでは「われわれはヨーロッパ人である」というアイデンティティの上に、共通の政治的意思に基づいて西ヨーロッパに共同体を作る、そういう地域主義（ヨーロッパ主義）が地域システム形成の原動力となった。そのため、制度構築と並行して、ヨーロッパ史の選択的記憶と忘却の上に新しいヨーロッパ人のアイデンティティが構築された。

　これに対し、東アジアでは、ナショナリズムが国民解放の力をもち、したがって、ここに共同体を作ろうという共通の政治的意思もなければ、「われわれはアジア人である」というアイデンティティに基づく地域主義のプロジェクトが地域システム形成の原動力になることもなかった。その代わりに、東アジアでは、米国主導の地域的な安全保障システムと日本、米国、東南アジアの三角貿易のシステムを前提として、日本を先頭とする東アジアの雁行《がんこう》型経済発展、特に一九八五年のプラザ合意以降の地域的経済発展の中、気がついてみると、日本企業その他の地域的な事業展開によって、事実上の経済統合が進展し、日本、韓国から中国沿海部、台湾、香港を経て東南アジアに至る地域がそれなりに経済的なまとまりをもつようになり、またちょうどその頃から、この地域が「東アジア」と広く呼ばれるようになった。

　したがって、あたりまえのことながら、東アジアを名目とする政治的プロジェクトはこの時期、初めて意味をもつようになった。その最初はマレーシアのマハティール首相の提唱した東アジア経済グループ（EAEG）だった。しかし、この当時、米国では、冷戦の勝者は日本とドイツである、米国は日本が大東亜共栄圏パート2を作るのに手を貸しただけだった、これからは日本が米国の敵になる、といった議論があり、日本は「開かれた地域主義」の仕組みとして、オーストラリアと共同してアジア太平洋経済協力（ＡＰＥＣ）の形成を優先した。つまり、日本にとっても、また東アジアの多くの国々にとっても、（経済）協力の枠組みとして東アジアとアジア太平洋があり、日本はこのときはアジア太平洋を選択したのだった。

東アジア地域システム――その変容

中国（中華人民共和国）は本来、封じ込めの対象として、米国のヘゲモニー下に置かれた「自由アジア」の地域システムの外にあった。しかし、中国は一九七〇年代に日本、米国と国交を正常化し、一九七八年の改革・開放以降、しだいに東アジア経済に統合されていった。あるいはもう少し正確に言えば、中国の党と政府の指導者は、一九七八年、改革・開放によって、中国の経済体制の改革とともに、東アジア／世界経済への参入を決めた。

日本と米国は、中国の決定を踏まえ、中国に経済発展を促し、中国経済を東アジア／世界経済に統合するとの戦略的決定を行った。また、一九八五年のプラザ合意以降、一九九七―九八年の東アジア経済危機までの時期の地域的な経済発展も、中国の社会主義から社会主義・市場経済への転換、そして中国経済の東アジア／世界経済への統合に大きなプラスだった。

しばしば指摘されるように、中国は対外開放の一環として一九八〇年代に経済特区を設立した。こうした特区はすべて、中国大陸の外、特に東南アジアの華人企業からの投資誘致を目的とした。一九八三―九〇年、新華社香港支社社長として中国の香港回収に辣腕を振るった許家屯《きょかとん》は、その任務において、香港、さらには東南アジアの華人資本家に対する工作がいかに重要だったかを述べている（『香港回収工作』上下、一九九六年）。また、一九八〇年代、対中援助はもっぱら世界銀行と日本によって提供された。中国の改革・開放の決定と中国を東アジア／世界経済に統合するという日米の決定、この二つの決定の結果、中国は一九九〇年代には、本来、中国抜きに構築された日本と米国と（日本以外の）「自由アジア」の三角貿易のシステムに参入した。

中国の党国家体制は、改革・開放の成功、あるいはもう少し正確に言えば、社会主義経済から社会主義・市場経済への転換、中国経済の東アジア／世界経済への統合、そしてめざましい経済発展によって、冷戦の終焉《しゅうえん》を生き延びた。これはまた、東アジアの他の社会主義の国々の運命にとっても、決定的な意義をもった。北朝鮮の党国家、ヴェトナムの党国家、ビルマの「ビルマ式社会主義」国家は、「無頼国家」として生き延びた。ヴェトナムの党国家は、その体制を社会主義から社会主義・市場経済に転換し、中国と同様、東アジア／世界経済に統合された。

この結果、一九九〇年代末までには、日本、韓国から中国沿海部、台湾、香港を経て東南アジアに至る地域において、国境を越えた地域的な生産ネットワークの広がりによって、中国、ヴェトナムもふくめ、一つのそれなりに経済的まとまりのある「東アジア」が生まれてきた。

これが、今日、われわれが自明のこととする東アジア地域システムを生み出した。その構造的特徴を見るには、冷戦の終焉にともない東アジアとは異なる進化の途《みち》をたどったヨーロッパの地域システムと比較すればよい。ヨーロッパにおいては、一九八〇年代末、東欧の社会主義の国々で次々と民主主義革命がおこり、これがベルリンの壁の崩壊、ドイツ統一、ソ連邦の崩壊、そして冷戦の終焉につながった。そのあと一九九〇年代には、ECのEUへの変容、ユーゴスラヴィアの内乱と解体等をともないつつ、NATOが東方へ拡大し、その枠内でEUがやはり東方に拡大した。つまり、ヨーロッパにおいては、NATOとEUは入れ子の構造となって東に拡大し、両者の間に構造的緊張は生まれなかった。

これに対し、東アジアでは、社会主義の国々で民主主義革命は一つも成功しなかった。それは一九八九年の中国の天安門事件、一九八八年のビルマのクーデタに見る通りである。民主主義革命がおこったのは「自由アジア」の国々、つまり、そもそも米国のヘゲモニーの下にあったフィリピン(一九八六年)、台湾(一九八六―八七年)、韓国(一九八七年)、インドネシア(一九九八年)でのことだった。

この結果、冷戦終焉のあとにも、東アジアの米国主導のハブとスポークの安全保障システムは、大陸にはまったく拡大しなかった。それどころか、フィリピンにあった米軍基地（スービック海軍基地とクラーク空軍基地）が一九八六年の革命のあと撤収され、この地域的な安全保障システムにおける日米同盟の重要性はますます大きくなった。その一方、東アジアの経済、特に通商システムは、先にも見たように大きく変容した。それが東アジアの「地域化」であり、中国とヴェトナムの東アジア／世界経済への統合だった。

この結果、東アジアでは、安全保障システムと経済システムの間に構造的な緊張が生まれた。中国、ヴェトナムのような党国家は、米国主導のハブとスポークの安全保障システムには入っていない。しかし、東アジア／世界経済には深く統合され、一九九七―九八年の東アジア経済危機以降には、それまで日本と日本以外のアジア（中国、ヴェトナムをふくむ）と米国からなった三角貿易のシステムは、中国と中国以外のアジア（日本をふくむ）と米国からなる三角貿易のシステムに変容していった。また、ヴェトナムは一九九〇年代に、カンボジア、ラオス、ミャンマー（ビルマ）とともにASEANに参加し、中国も東アジア経済危機以降、ASEANをハブとするASEAN・プラスの経済連携プロセスに深く関与するようになった。構造的緊張はそこから生まれた。そしてこの緊張は、中国が台頭すればするほど、ますます高まる。これが、東アジアの地域システムとヨーロッパのそれの最大の違いとなった。

しかし、東アジアは、中国の改革・開放以来、今日まで、ときに事件はあったものの、それなりに安定してきた。その一つの理由は、中国が、そうした地域的な安全保障システムによって維持されるこの地域の力のバランスを受け入れ、党国家体制の維持と経済発展を国策の課題とし、「韜光養晦《とうこうようかい》」、つまり、この地域における米国中心の安全保障秩序に挑戦しないことを外交戦略の基本としたからである。もう一つの理由は、米国主導の地域的な安全保障システムが維持され、その基軸として、一九九〇年代後半、日米同盟が再定義されたからである。

「東アジア共同体」構築

さて、それでは、東アジアの地域システムは、一九九七―九八年の東アジア経済危機以降、どう変容したのか。大きく二点、指摘できるだろう。

その一つは、「東アジア共同体」構築がこの地域の共同の政治的プロジェクトとなったことである。東アジア経済危機に際し、米国は、タイ、韓国、インドネシア、マレーシアに露骨に介入し、市場開放をIMFコンディショナリティのかたちで押しつけたばかりでなく、インドネシア、マレーシアでは、権威主義体制の解体と民主化を試みた。インドネシアではこれも一つの理由となってスハルト体制が崩壊し、一方、マレーシアでは米国と同盟してマハティール首相に挑戦したアンワル・イブラヒムが失脚、逮捕された。

この結果、これらの国々を中心として、東アジア全域において、こうした危機が二度とおこらないよう、また米国の介入に対するリスク・ヘッジとして、一九九七年にASEAN・プラス3（日本、中国、韓国）首脳会議が始まり、一九九九年には通貨協力のメカニズムとしてチェンマイ・イニシアティヴが作られ、さらに二〇〇五年には、東アジア首脳会議が、ASEAN・プラス3・プラス3（インド、オーストラリア、ニュージーランド）のかたちで始まった。こうした地域協力はすべて「東アジア共同体」構築を大義名分とし、そこにおける「東アジア」の意味は米国を排除する、ということだった。

もう一つ、重要なことは、中国が東アジアにおける地域協力メカニズムの構築に積極的に関与するようになったことである。これは、中国が、一九九〇年代後半から「新安全観（新安全保障観）」の名の下に、協調的安全保障と総合安全保障の観点から、近隣諸国との多国間枠組みの構築に積極的に取り組むようになったためであろう（高原明生「中国の台頭とその近隣外交」）。中国にとって、冷戦の終焉は、天安門事件とほぼ同時におこった。冷戦の終焉とともに、東欧の社会主義国家は崩壊し、ソ連は解体した。また、天安門事件の結果、中国は欧米諸国の経済制裁の対象となった。中国にとって、国際的孤立を打開し、自国の経済発展に望ましい周辺環境を構築することは、戦略的課題だった。中国はそのため、一九九〇年代初め、インドネシア、シンガポール、ヴェトナム、ブルネイ、韓国と外交関係を正常化し、一九九二年には天皇訪中を実現させ、さらに同年の鄧小平の南巡講話を契機として、改革・開放政策をさらに推進し、経済成長とともに、海外との経済交流を活発化させていった。

しかし、一九九〇年代には、中国は東アジアにおいて二つの問題に直面した。

その一つは、一九九〇年代半ば、台湾における総統選挙をきっかけとして、中国と台湾の関係が緊張したことである。このとき中国は台湾周辺で軍事演習を実施し、総統選挙に圧力を加えようとした。これに対応して、米国は台湾近海に空母を派遣した。この結果、中国と台湾の関係は東アジアの安全保障秩序の大問題となり、一九九六年には橋本龍太郎首相とクリントン米大統領の共同宣言（「日米安全保障条約共同宣言」）によって日米同盟の再定義が行われた。

もう一つは、一九九二年、中国が「領海法」を制定し、東シナ海と南シナ海で他国と係争のある島嶼《とうしょ》の名前を自国の領土としてすべて挙げた上で、領海侵犯者には軍事力を行使すると表明したことである。また、中国は同年、国際状況の変化と軍事技術の向上に対応すべく、軍建設方針を転換し、基本任務として平和的海洋環境の維持と海洋権益の防衛を挙げ、防衛空間の拡大を本格的にめざすこととした。

こうして南シナ海は中国とASEANの一大係争点となった。ASEANは一九九二年、マニラにて開催された外相会議で「南シナ海におけるASEAN宣言」を採択し、南シナ海における領土紛争を武力に訴えず、平和的方法で解決する必要性を強調して関係諸国に自制を求め、南シナ海における国際的な行動規範の確立を提唱した。

中国は、「南シナ海におけるASEAN宣言」について、「(ここで述べられた)いくつかの原則に対して中国政府は賛意を表す」とする一方、「条件が整わないときには紛争を一時棚上げし、関係国間の友好関係に影響を与えるべきでない」と主張し、二国間での紛争処理を提唱した。しかし、中国は、それと同時に、一九九五年にはフィリピンが領有権を主張するミスチーフ礁に軍事施設を構築した。このため、ASEAN諸国外相は「南シナ海の最近の情勢に関する外相声明」を発表、中国はふたたび「紛争の棚上げと共同開発」を主張して交渉による平和的解決の意向を確認した。しかし、中国は南シナ海の領有権問題について多国間協議を拒否し、あくまで二国間交渉による紛争の処理を主張した。

このためであろう、中国は、一九九〇年代には、多国間の地域協力に対して、きわめて消極的だった。その一例が中国のASEAN地域フォーラム(ARF)への対応である。ARFは一九九四年に設立された。これは、一つには、日米をふくめ、中国近隣の国々が多国間の枠組みで中国に関与しようとするものだった。しかし、中国はARFを警戒した。日米が大きな力をもつARFで中国の行動の自由が制約されることを嫌ったこと、そして台湾問題と南シナ海の領有権問題がここで取り上げられるのを警戒したこと、それが大きな理由だった。

しかし、中国は一九九〇年代末以降、多国間の地域協力に積極的に関与するようになる。これは一九九九年以降の「東アジア」を地域的枠組みとする経済協力の分野で明らかとなった。

中国は一九九九年、その前年に中国の提案で実現したASEAN・プラス3の蔵相代理・中央銀行副総裁会議の常設化を提案し、同時に、ASEAN・プラス3首脳会議の際に、日中韓三国の首脳会合を開催することにも同意した。ついで二〇〇〇年には、日中韓三国首脳会合の定例化に同意するとともに、ASEAN・プラス1（中国）の会合で、中国・ASEAN自由貿易圏形成を提案した。ASEANはその際、ASEAN・プラス3を枠組みとする自由貿易協定を逆提案した。しかし、二〇〇一年には、中国の周到な根回しが功を奏し、中国とASEANは、一〇年以内の自由貿易圏結成をめざして自由貿易協定の交渉開始で合意した。さらに二〇〇二年には、中国はASEANと包括的経済協力枠組み協定を締結し、ここにはASEANの国々が比較優位をもつ農産品について中国が二〇〇三年から関税撤廃を進めること、中国の対ASEAN経済協力等の項目が盛り込まれた。

つまり、まとめて言えば、中国は、自由貿易協定の締結と地域協力の推進によって、ASEANの国々が中国の経済発展から利益を享受できる「ウィン・ウィン」のメカニズムを提案し、ASEAN諸国の「慰撫《いぶ》」を試みたのである。

中国はまた、南シナ海の領有権問題についても、一定程度、譲歩の姿勢を見せた。二〇〇二年、中国とASEANは、プノンペンにおいて開催されたASEAN・中国首脳会議で、南シナ海における行動規範に関する共同宣言に署名した。ついで二〇〇三年には、フィリピンのグロリア・マカパガル・アロヨ大統領の訪中に際し、中国はフィリピンと三年間の石油探査の共同実施で合意した。中国はまた、二〇〇二年のASEAN・中国首脳会議で、ASEANと中国の包括的経済協力、非伝統的安全保障協力にも合意した。さらに、二〇〇三年には、「平和と繁栄のための戦略的パートナーシップに関する共同宣言」に調印するとともに、ASEANの基本条約ともいうべき東南アジア友好協力条約にも署名した。

こうした転換は、中国の「周辺外交」、特に「東南アジア外交」において、中国がASEANを戦略的パートナーとすると決定したことによるものであろう。実際、中国共産党は、二〇〇二年の第一六回党大会において、こうした方針を「与隣為善、以隣為伴（隣国とよしみを結び、隣国をパートナーとする）」と定式化し、バイ（二国間）とマルティ（多国間）で隣国とのパートナーシップを強化することとした。あたりまえのことであるが、東アジア経済危機以降、「東アジア」を枠組みとして推進された地域協力が米国を排除した協力であったことは、中国にとって、もちろん望むところであったろう。

また、東アジア経済危機を転機として、中国が東アジアの経済成長のエンジンとなり、それとともに、冷戦の時代からポスト冷戦の時代にかけて、日本と日本以外のアジアと米国の三角貿易のシステムが、中国と中国以外のアジア（日本をふくむ）と米国の三角貿易のシステムに変容していったこともきわめて重要だった。中国の経済発展の提供する経済的機会をいかに享受するか、中国を東アジア地域システムにどう統合するか、そのためのルールをどう整備するか、そういう問題が、近隣の国々にとって、その将来の繁栄に関わる戦略的課題となったからである。

地域協力は日中間においても重要な課題となった。二〇〇〇年、江沢民《こうたくみん》国家主席は国連の場で森喜朗首相と会談した際、アジアの振興は日中両国の友好と協力を抜きにしては語れないと述べた。また、その翌月には、来日した朱鎔基《しゅようき》首相も、地域経済協力を日中協力の重点分野の一つに挙げ、東アジア協力の枠組みの下、日本との協調を強化することを望むと明言した。

これ以降、東アジアの地域協力において、日中の協力と競争が顕著になった。小泉純一郎首相は、二〇〇二年、シンガポールでの演説で、東アジア共同体構築の第一歩として日本・

ＡＳＥＡＮ経済連携を提案し、それとともに、中国が地域協力に積極的な役割を果たそうとしていることを高く評価し、中国の台頭は脅威ではなくチャンスであると述べた。

もちろん、この時期、すべてが順調にいったわけではない。小泉首相は、中国の反発を受けながら、この問題で譲歩すれば中国はいつまでも歴史問題を対日外交カードとして使い続けると判断したのであろう、毎年一度、靖国神社参拝を続けた。また、二〇〇四年には、中国で開催されたサッカーのアジアカップで反日騒動があった。さらに、二〇〇五年には、中国の多くの都市で反日デモがあり、中国政府も、世界各地で、日本の国連安保理常任理事国入りに反対した。

ただし、日中関係は、二〇〇六年には小泉首相から安倍晋三首相への政権交代を契機に、小康状態となった。安倍首相と胡錦濤《こきんとう》国家主席は、二〇〇六年一〇月、戦略的な共通利益に基づく互恵関係（戦略的互恵関係）の構築に合意した。また、日中は二〇〇八年には、東シナ海における共同開発、中国がすでに進めているガス田の開発への日本法人の参加についても合意に達した。

一方、東アジアを枠組みとする地域協力についても、二〇〇〇年代半ばには、中国の台頭に対する懸念が生まれてきた。その最初の兆候の一つが、東アジア首脳会議（ＥＡＳ）だった。中国は、東アジアの枠組みとして、ＡＳＥＡＮ・プラス３（日本、中国、韓国）を主張した。これに対し、日本は、シンガポール、インドネシアとともに、ASEAN・プラス3にインド、オーストラリア、ニュージーランドの三カ国を加えたASEAN・プラス6を主張し、二〇〇五年一二月には、ASEAN・プラス6を枠組みとして、最初の東アジア首脳会議が開催された。

GMS（大メコン圏）協力

こうしてみれば、中国の善隣外交が、その経済的台頭と相俟《あいま》って、東アジアにおける中国の政治的比重を急速に増大させてきたことは明らかだろう。中国の台頭は周辺の国々と企業にとっては大きな経済的機会となる。中国の経済成長は市場の拡大を意味する。しかし、それとならんで、特に注目すべきことは、中国が、大陸部東南アジアにおいて、高速道路、高速鉄道、発電所、送電網の建設等、きわめて活発に経済協力を行っていることである。

これは一般にGMS（Greater Mekong Sub-region 大メコン圏）プログラムとして知られている。GMSプログラムは、タイ、カンボジア、ラオス、ミャンマー、ヴェトナム、中国（雲南省、広西チワン族自治区）を対象として、一九九二年、ADB（アジア開発銀行）のイニシアティヴで始まったもので、一九九二―二〇〇七年に約一〇〇億ドルの投資が行われ、二〇〇八―一二年には二一八億ドルの投資が計画されている。この投資計画において、運輸部門七〇件、一五〇億ドル、エネルギー部門三二件、五三億ドル、この二部門で九三％を占めることに見るように、「南北経済回廊」「東西経済回廊」「南部経済回廊」等の輸送インフラ整備の進展と送発電インフラ整備に集中的に投資が行われている。

このプログラムは日本も支援している。特に二〇〇八年には、日本政府はカンボジア、タイ、ヴェトナム、ミャンマー、ラオスの外相を東京に招いて「日本・メコン外相会議」を開催した。

しかし、中国にとっては、このプログラムは雲南省、広西チワン族自治区の開発に関わる。おそらくそのためであろう、すでに二〇〇一年には、ASEAN・中国首脳会談で「メコン河流域開発」は経済・貿易関係強化の五つの優先協力分野の一つとされ、二〇〇三年の「中国・ASEAN戦略パートナーシップ共同宣言行動計画」でも、「メコン河流域開発協力」の一環として、輸送インフラの整備（昆明《こんめい》―シンガポール鉄道建設、昆明―ヤンゴン―ミッチーナ鉄道・道路建設、雲南省とヴェトナムの鉄道補修）、GMS地域電力貿易協定実施等が合意された。大泉啓一郎（「大メコン圏（GMS）開発プログラムとCLMVの発展」）によれば、中国は、メコン地域開発について、基本的に、GMSプログラム、ASEAN主導のASEAN・メコン流域開発協力、タイのメコン経済協力戦略「エーヤーワディ・チャオプラヤー・メコン経済協力開発（ACMECS）」の枠組みを使いながら、これを中国南部の経済発展に

地図1　GMS（大メコン圏）

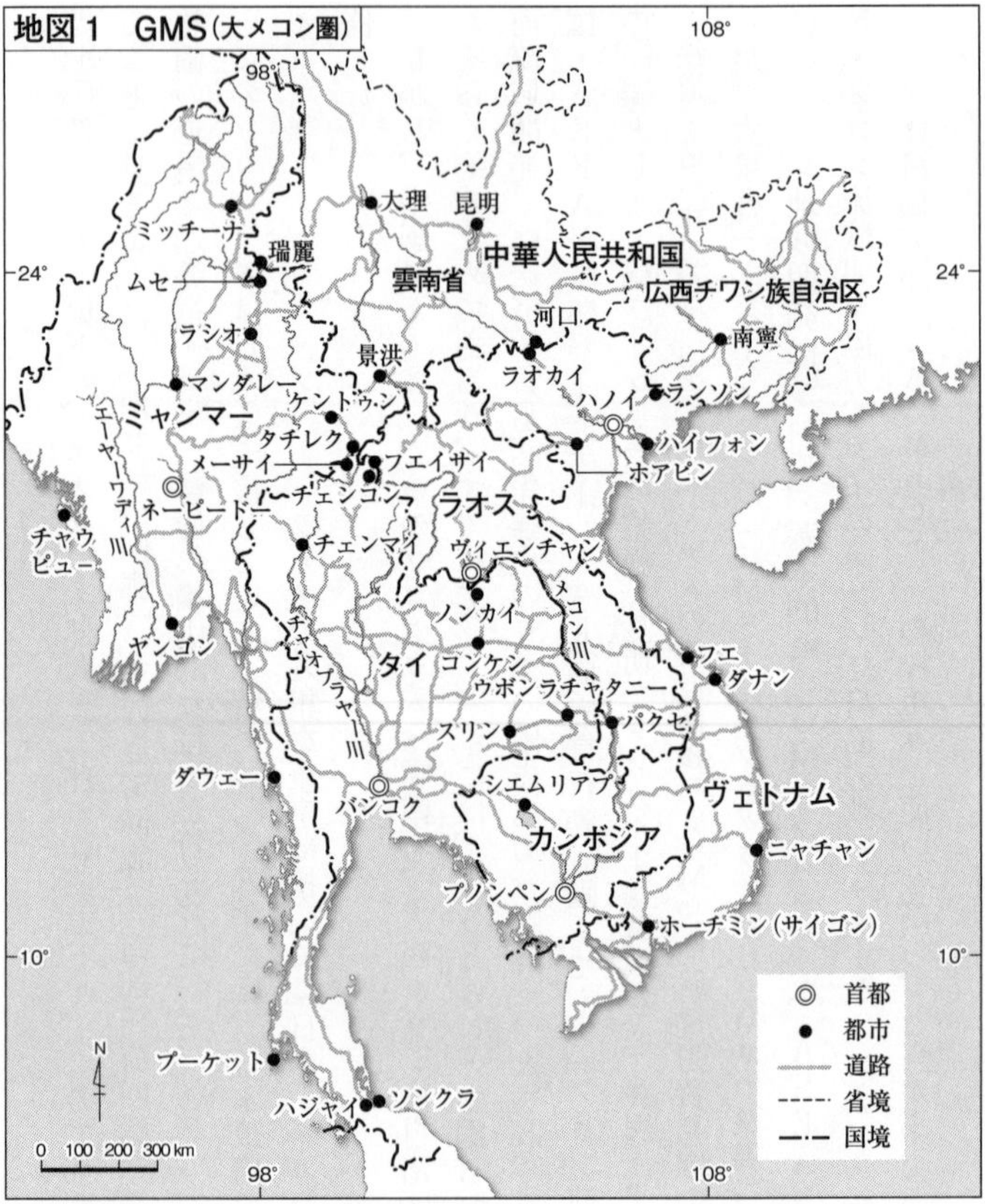

（出典）http://www.adb.org/Documents/Reports/TMR-foreign-direct-investment/map.pdf に基づき、横山早春（政策研究大学院大学グローバルCOEプログラム）が作成

地図2　GMS（大メコン圏）経済回廊

（出典）大泉論文およびhttp://www.gms-powertrade.net/dsp_page.cfm?view=page&select=2に基づき、横山早春（政策研究大学院大学グローバルCOEプログラム）が作成

つなげようとしているという。

しかし、そこで重要なことは、これがトータルとしてどのような結果をもたらしたかである。ごく簡単に言えば、GMS開発の名の下に、中国は昆明からラオス経由で、タイを縦断してバンコクへ、昆明からマンダレー経由で、ミャンマーを縦断してヤンゴン、チャウピューへ、まさに昆明を起点として大陸部東南アジアを縦断し海（シャム湾、インド洋）に抜けるハブとスポークのシステムを構築しつつある。

南シナ海の領土問題

GMSにおける中国の力の投射は、インフラ整備のかたちをとっていることもあり、また後述する通り、特にタイの大いに歓迎するところもあって、一般にはあまり注目されていない。これに対し、もう一つ、中国の力の投射として最近、はっきり注目されるようになったのが、南シナ海、東シナ海における中国の一方的行動である。

先にも見たように、中国とASEANは、二〇〇二年、南シナ海における行動規範に関する共同宣言に署名した。しかし、この「行動宣言」に法的拘束力はない。また、中国は、これ以降も、法的拘束力を持つ「行動規範」の策定は拒否してきた。

そうした中、二〇〇七年以降、南シナ海の領有権問題をめぐって、ASEAN諸国、特に

地図3　南シナ海

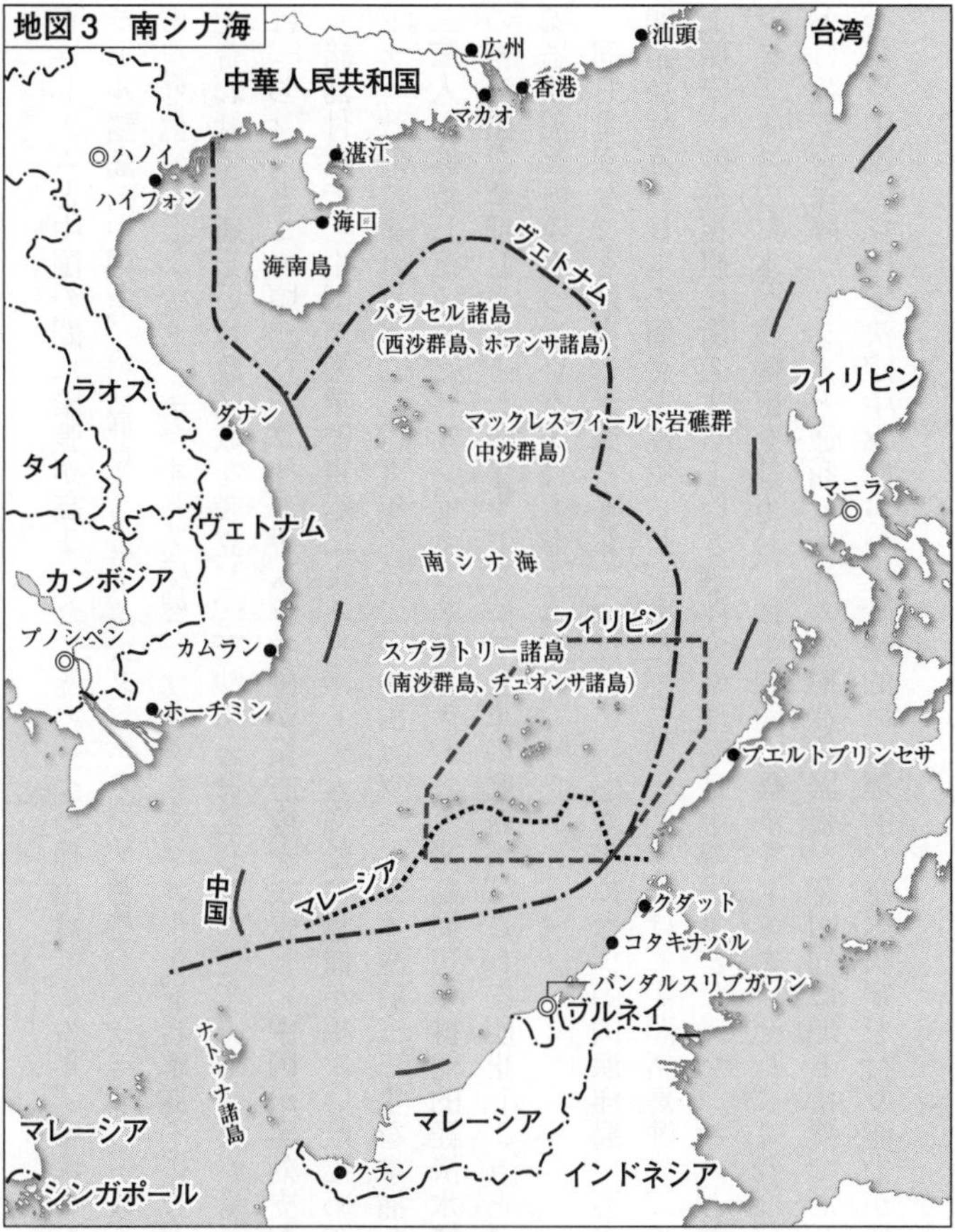

（出典）http://www.lib.utexas.edu/maps/middle_east_and_asia/schina_sea_88.jpg および http://community.middlebury.edu/~scs/maps/SCS_claims.jpg に基づき、横山早春（政策研究大学院大学グローバルCOEプログラム）が作成

ヴェトナムと中国の間に緊張が高まった。その一つの理由は、この年、中国の海南省が、パラセル諸島（中国名、西沙群島。ヴェトナム名、ホアンサ諸島）、スプラトレー諸島（中国名、南沙群島。ヴェトナム名、チュオンサ諸島）、マックレスフィールド岩礁群（中国名、中沙群島）を合わせて、新しい行政区域を設立し、三沙市と命名したことである。またもう一つの理由は、ちょうどこの頃から、ヴェトナムと中国が領有権を主張し、中国が実効支配するパラセル諸島付近で、中国の漁業監視船によるヴェトナム漁船の拿捕《だほ》が相次いだためである。ヴェトナム政府によれば、二〇〇九年だけで、中国はヴェトナム漁船三三隻を拿捕し、乗組員四三三人を抑留した。また、インドネシア領のナトゥナ諸島周辺の排他的経済水域では、中国の密漁船を拿捕しようとしたインドネシア海軍の艦艇が、これを阻止しようとする中国の漁業監視船と睨《にら》み合うという事件もおこった。

同じようなことは東シナ海でもおこった。二〇〇八年には、中国海洋局の巡視船二隻が尖閣諸島付近の日本の領海を侵犯した。また、二〇一〇年には、尖閣諸島沖で、中国漁船が海上保安庁の巡視艇に衝突するという事件の処理が日中の係争となった。このとき、中国は、レアアースの日本への輸出を禁止し、領土問題と経済をリンクさせた。これは、東アジアにおける安全保障システムと通商システムの構造的緊張を意図的に煽《あお》る措置であり、これによって、中国の党国家決定中枢において戦略的に合理的な意思決定を行う能力が低下しているのではないかという懸念が広がった。

中国のこうした一方的行動に対応して、ASEANは、二〇一〇年七月、ハノイで開催されたARFにおいて、南シナ海における「行動規範」策定に向けた努力を促すことを声明に盛り込むよう要求した。これを受けて、二〇一一年、バリで開催されたARFでは、ASEANと中国は、二〇〇二年に署名した「行動宣言」の実施へ向けた指針について合意した。

ASEANはまた、二〇一〇年、ハノイで開催された東アジア首脳会議で、その枠組みを二〇一一年からASEAN・プラス6からプラス8に拡大し、米国、ロシアを加えることを決定した。さらに、ASEANは、二〇一〇年、ASEAN・プラス8を枠組みとする新しい防衛大臣会合も発足させた。ASEAN・プラスの会合では、ASEANが「運転席に座り」、アジェンダ設定と合意形成に中心的に関与できるからである。

しかし、中国は、南シナ海においても、東シナ海においても、領土主権に関わる問題については、一切、譲歩の姿勢を見せない。それどころか、中国は、最近、台湾に加え、チベット、新疆《しんきょう》、さらには南シナ海の島嶼を「核心的」利益に加え、インフォーマルな会議の場では、ASEANの国々を「小国」と呼んで、きわめて高圧的な態度に出るようになった。また、中国は、南シナ海、東シナ海における漁業監視船の活動を活発化させ、最近では、中国最初の空母の試験航行を終了した。

これに対し、ASEANの多くの国は、防衛力の強化、米国、さらには日本、インドとの連携にも動いている。たとえば、ヴェトナムは、潜水艦六隻をロシアから購入して潜水艦隊を編成することを決め、また、カムラン湾をロシアの援助で軍港として整備し、空母、潜水艦をふくめ、他国の艦艇の利用に供することを明らかにした。また、日本は、二〇一〇年の防衛大綱で「動的防衛力」の整備をうたい、日本の南西方面における防衛力と監視能力の強化に乗り出した。

中国の変容

では中国は、なぜ、これほどにも大国主義的行動をとるようになったのか。そうした大国主義的行動が、たとえ反発をもたらしても中国外交に資するものであれば、それでも理解できる。しかし、実際には、二〇一〇年七月、ハノイで開催されたARF以降、南シナ海の領土紛争をめぐる中国の対応に典型的に見る通り、中国の大国主義的行動は、二〇〇〇年以来の中国のASEAN外交の成果をほとんどご破算にしてしまっている。

われわれは中国の専門家ではない。しかし、国内外の中国専門家の分析を勘案すれば、およそ次のように考えて、それほど間違いではないだろう。たとえば、清水美和（「対外強硬姿勢の国内政治」）はこう分析する。中国では、改革・開放以降も、対外強硬論が間欠泉のように噴出した。鄧小平、江沢民はこれを抑え込み、「能力を隠して力を蓄え、力に応じ少しばかりのことをする（韜光養晦、有所作為）」を中国外交の基本方針とした。しかし胡錦濤は、中国の大国化にともない台頭する対外強硬論に抗しきれなくなった。その結果、二〇〇九年には、胡錦濤は鄧小平の示した「韜光養晦、有所作為」の抑制的外交方針を修正し、「堅持韜光養晦、積極有所作為」、つまり、「能力を隠して力を蓄えることを堅持するが、より積極的に少しばかりのことをする」とした。こうした変更の背景には、中国の党国家体制の政策決定中枢において、かつての鄧小平、江沢民のような圧倒的な実力者がいなくなり、外交政策の戦略的合理性の名の下に国内の「利益集団」を抑え込むことが、国内政治的にきわめて難しくなっているという事情がある。

それが、とりわけリーマン・ショック以降、われわれは世界でもっともうまく危機を克服した、これからはわれわれの時代だ、われわれはこれから中国中心の「天下」の秩序を作る、といった自信（慢心）と一緒になって、中国の対外政策を動かすようになっている。

また、さらに言えば、こういう政策決定のダイナミックスと一般的な「気分」を前提として、党・政府の中堅クラスが、「親分」の意を体して、中国外交としては決してプラスにならない行動をとるということもある。「親分」はその意を体して行動した「子分」を守ろうとするし、全般的に大国主義的な気分の横溢《おういつ》しているところでは、そういう人たちは多くの場合、処分されない。二〇一〇年、尖閣諸島沖で日本の海上保安庁の巡視艇に衝突した中国「漁船」の船長のように、英雄扱いされることすらある。

したがって、外から見れば、たとえば、南シナ海における中国の行動は大国主義的で一方的であるし、また、最近では、黄海、東シナ海、南シナ海等における中国漁船の行動にはきわめて不法なものがあるけれども、中国の党国家はこれを制御できないでいる。つまり、まとめて言えば、鄧小平、江沢民の時代と比べれば、中国の戦略的外交政策決定能力は明らかに低下しているのである。

米国のアジア再関与

もう一つ、最近の新しい動きは、米国がふたたび、東アジアに積極的に関与するようになったことである。

米国は二〇〇一年の九・一一以来、テロとの戦争、アフガニスタン、イラクの戦争に全力を挙げた。そのため、たとえば、コンドリーザ・ライス国務長官はARFをほとんど無視し、日米豪印の戦略連携のような中国「包囲網」の形成と受け止められかねない動きにはきわめて慎重だった。

しかし、オバマ大統領は、二〇〇九年一一月、東京で、米国を「太平洋国家」と位置づけ、米国の東アジア関与を再確認した。また二〇一〇年七月のARFでは、ヒラリー・クリントン国務長官が、米国はアジアにおける航行の自由に国益をもつと述べた上で、南シナ海の領有権問題について「全当事国の協同的、外交的進展を支持し、実力行使や脅迫に反対する」と表明した。さらに、クリントン国務長官は、二〇一一年一月には、胡錦濤中国国家主席の訪米の直前、「(米中による世界指導の枠組みともいうべき)G2というのは存在しない。米国には日本、韓国、タイ、オーストラリア、フィリピンという強固な同盟国がある」と述べて、東アジアにおいて、同盟国、パートナー国との連携を深めることをあらためて確認した。

そして実際、米国は、思いつくままにあげても、インドネシアとの軍事交流の完全再開、ヴェトナムとの次官級防衛対話の開催、米・ASEAN首脳会談の開催、インドに対する原子力、ミサイル等の機微技術の提供、共同軍事演習など、東アジアに対する関与を精力的に深めている。

米国の東アジア再関与は通商についても言える。TPP(Trans-Pacific Partnership 環太平洋経済連携協定)は、二〇〇六年、シンガポール、ニュージーランド、チリ、ブルネイの経済連携協定として始まった。米国は、二〇〇八年、オーストラリア、ペルーとともに、TPP参加を表明し、二〇〇九年、その交渉が始まった。この結果、二〇一〇年までには、APECの目標とするFTAAP(アジア太平洋自由貿易地域)の形成に至る途として、中国の提唱するASEAN・プラス3、日本の提案したASEAN・プラス6と並んで、あるいはそれ以上に、突然、TPPが有力となり、二〇一一年、ハワイで開催されたAPEC首脳会議では、日本、カナダ、メキシコがTPP交渉参加協議の意思表明を行って、これがFTAAP、さらには二一世紀の通商システム構築の重要な場となった。

オバマ大統領は、二〇一一年一一月、オーストラリア議会にて行った演説で、こうした最近の米国のアジア再関与政策の基本にある考え方を簡潔に提示している。米国は「太平洋国家」である。米国はアジア太平洋の平和と安定のために、日本、韓国における軍事的プレゼンスを維持するとともに、東南アジアにおける軍事的プレゼンスを強化する。ASEANをはじめとして地域協力機構にも関与する。また「自由」「公平」で「開かれた」国際経済システムの維持・発展をめざす。TPPはそのモデルとなる。これがオバマ大統領の述べたことだった。

この演説はもちろんさまざまに解釈できるし、人によっては（ときに中国の大国主義的メディアが主張する通り）、中国「封じ込め」あるいは「包囲網」を意図するものと見ることもまったく誤りではない。しかし、この演説の要諦《ようてい》は、安全保障においても、通商においても、自由で、公平で、透明度の高い、開かれたルール作り、制度作りを提唱するもので、その意味で、米国におけるリベラル・リアリズムの伝統を継承したものと考えた方がよい。

日本の対応

日本の外交政策は、二〇〇九年の民主党への政権交代以来、迷走した。それを見事に示したのが、日米中のトライアングルをもっと正三角形に近づけると言った鳩山由紀夫首相のもの言いだった。

しかし、これはすでに矯正された。それを見るには、二〇一一年一月の菅直人首相の外交演説を想起すればよい。首相はここで、日米同盟を「日本外交の基軸」と確認するとともに、中国について「透明性を欠いた国防力の強化や海洋活動の活発化に懸念を抱かざるをえない」とした。またTPP交渉参加協議については、党内の反対を押し切って、野田佳彦首相が二〇一一年一一月、ハワイにおけるAPEC首脳会談の直前に決定した。さらに二〇一一年三月一一日の東日本大震災の際における日米の「トモダチ作戦」の成功によって、日米同盟維持の政治的意思はゆるぎないものとなった。また、ヴェトナムへの戦略援助、「経済協力を超えた」インドネシアとの戦略的連携、インドとの連携等も進んでいる。

東アジアからアジア太平洋へ

こうしてみれば、二〇〇八年以降、世界金融危機の中、南シナ海における中国の一方的行動や、米国、日本における政権交代を契機に、東アジアの地域協力の枠組みが「東アジア」から「アジア太平洋」にふたたび急速に転換したと言ってよいだろう。

こうした変化の基本には、東アジアにおける安全保障システムと通商システムの構造的緊張がある。中国の台頭と世界金融危機によって、この緊張はますます高まった。その結果、かつて一九九七―九八年の東アジア経済危機の際には、米国の介入に対するリスク・ヘッジとして、東アジアを枠とする、米国抜きの地域協力が主流となったのに対し、最近では、米国介入のリスクはすでに過去のものとなり、中国の大国化と大国主義的行動に対するリスク・ヘッジとして、米国の関与したアジア太平洋を枠組みとする協力が重要となった。東アジアからアジア太平洋へ、地域協力の枠組みが近年、大きく変化している、もう一つの理由は、中国の経済的台頭そのものに対するリスク・ヘッジである。

今回の世界金融危機をきっかけとして、日本でも、日本以外のアジアの国々でも、米国の消費に依存した東アジアの輸出主導型経済成長モデルは終焉した、東アジアはアジア「内需」主導の経済成長モデルに転換しなければならない、と言われるようになった。しかし、実際には、そうした転換はおこっていない。

その一つの例として、東アジアの貿易構造を見ると、今回の危機では、特に二〇〇八年のリーマン・ブラザーズの破綻《はたん》以降、米国、欧州向け最終財輸出が大幅に減少し、これにともなって最終財の貿易における東アジア、特に日本のシェアが高まった。しかし、中国以外の東アジアから中国への最終財輸出は韓国向けと同規模にとどまり、米国・欧州向け最終財輸出の回復にともない、東アジアのシェアはふたたび低下していった。つまり、最終財輸出における東アジアの米国・欧州依存はまったく変わっていない。

リーマン・ブラザーズの破綻以降、中国政府は大規模な財政の出動によって、国内需要を喚起した。中国が今回の経済危機からいち早く抜け出すことができたのは、これによるところが大きい。しかし、これは、中国以外のアジアから中国への最終財輸出の増加にはつながらなかった。

大関裕倫（「世界経済危機後の東アジアの貿易動向」）によれば、二〇〇八年一―七月と二〇〇九年一―七月の東アジアの国別・地域別消費財輸出を見ると、中国向け消費財輸出は八〇億ドルから六〇億ドルに減少し、消費財輸出市場としては、同時期に八〇億ドルから五〇億ドルに減少した韓国と同規模にとどまった。これに対し、東アジアから米国、欧州への消費財輸出は、それぞれ、一〇五〇億ドルから七九〇億ドル、七七〇億ドルから六六〇億ドルに減少した。また、日本の消費財輸入は三〇〇億ドルで変わらず、ＡＳＥＡＮ10のそれは二七〇億ドルから二三〇億ドルに減少した。

もう一つ、中国の経済的台頭のリスクとして注意すべきは、中国の産業高度化である。

一九九七―九八年の東アジア経済危機を転機として、これ以降、アジア太平洋地域では、中国と中国以外の東アジア（日本をふくむ）と米国の間の三角貿易が成立した。米国が東アジアの最終財の大口顧客として、その強大な購買力によって東アジアの成長を牽引《けんいん》する。その恩恵を受けて中国が飛躍的に成長し、米国の主要貿易相手国となる。その過程で中国の製造業は主として労働集約的な組み立て工程に特化し、他の東アジアの国々は中国に中間財を供給することによって、より高度な生産技術を要する中間財の生産に特化していく。この構造が近年、変化しつつある。中国において、生産技術の向上にともない、より高度の生産工程を要する中間財の生産が伸びているためである。

その結果、中国の国内需要がアジア「内需」となることなく拡大し、中国の産業高度化によってますます多くの中間財、資本財が国内で生産されるようになれば、東アジアにおける経済的相互依存の趨勢が中長期的に逆転し、中国とその周辺で、中国中心のきわめて垂直的な経済秩序が形成されていく可能性もありうる。

まとめ

こうしてみれば、中国の台頭とともに、東アジアの地域システムが、近年、どのように変化しつつあるか、明らかだろう。

東アジアの地域システムには安全保障システムと通商システムの間に緊張がある。中国の台頭は、構造的に、この緊張を高める。中国近隣の国々はすべて、中国の経済的台頭の利益を享受することを期待する。しかし、中国が経済的に一人勝ちすれば、また、中国がわれわれは大国だといって、自国のルールを他国に押しつけようとすれば、近隣の国々は抵抗する。かつて、東アジア経済危機の直後には、米国の介入がこの地域の多くの国々でリスクと受けとめられた。その結果、「東アジア共同体」構築を大義名分として、東アジアを地域的な枠組みとした米国抜きの地域協力のメカニズムが作られた。しかし、近年、南シナ海、東シナ海における中国の大国主義的行動、さらには中国の産業高度化と三角貿易の変容によって、多くの国で、中国の大国化と大国主義的行動こそ、この地域の大きなリスクである、と受けとめられるようになった。

また、ちょうどその時期に、シンガポール（二〇〇九年）、日本（二〇一〇年）、米国（二〇一一年）がAPECの議長国となり、ヴェトナム（二〇一〇年）、インドネシア（二〇一一年）がASEANの議長国となった。その結果、東アジア首脳会議がASEAN・プラス6からプラス8に拡大され、TPPがアジア太平洋自由貿易地域形成の一つの経路として浮上し、東アジアに代わって、米国を入れたアジア太平洋が地域協力の枠組みとなった。

これは中国「封じ込め」ではない。中国はすでに世界経済に深く統合されており、中国を封じ込めることなどできない。そうではなく、中国が、その台頭とともに、責任ある大国として、東アジア秩序の維持、発展のために行動するよう、この地域の国々が連携して促していくためである。

南シナ海はそのテストケースとなりつつある。中国はいまのところ、南シナ海の領土主権について、譲歩する姿勢を一切見せず、それどころか、その実効的支配のために、一方的行動もふくめ、着々と手を打っている。しかし、これが、党国家体制維持、経済発展、それに資する平和的戦略環境の形成という中国の戦略に鑑みて、はたして合理的かどうか、大いに議論のあるところである。

実際、中国が、南シナ海の領土紛争について、その「核心的利益」概念を機会主義的に使用しているのを見ると、党国家体制の意思決定中枢において、鄧小平、江沢民時代と比較して、力が分散し、その戦略的意思決定能力が低下していると考えざるをえない。中国の戦略的意思決定能力が低下し、その行動の長期的な予測可能性が低下すれば、近隣諸国にとって、中国リスクは高まり、そのリスク・ヘッジのためには、米国を入れた「アジア太平洋」の地域協力の枠組みがますます重要となる。

東アジアの地域システムは安全保障システムと通商システムの間に構造的緊張がある。しかし、このシステムは、機能別、ネットワーク型に構築され、きわめて柔軟でもある。中国の台頭によって、東アジアの地域システムが中国中心に再編成されるといったことは、まったくおこっていない。おこっているのは、中国をこのシステムに取り込み、それがもたらす構造的緊張を管理するということである。

第二章　周辺諸国の行動

さて、それでは、中国周辺の東南アジアの国々は中国の台頭に対し、どのような行動をとっているのか。

国際政治、特にリアリズム（現実主義）の国際政治においては、そうした行動を、「バランスをとる（balancing）」「関与する（engaging）」「ヘッジする（hedging）」「限定的連携（limited alignment）」「順応する（accommodating）」「なびく（bandwagoning）」といった用語を使って一般的に描写する。しかし、少し考えれば明らかな通り、こういう用語で国家の行動を捉まえようとすれば、大国の行動は通常、バランスをとるか、関与するか、ヘッジするかになり、小国の行動は、どういう行動に注目するかにもよるが、ヘッジするか、限定的に連携するか、順応するか、なびくかといったところになる。

東アジアの力の均衡は、米国とその同盟国（特に日本、韓国、オーストラリア）、パートナー国（インド、インドネシア、シンガポール、ヴェトナム、フィリピン等）の連携によって支えられている。中国は、周辺諸国を有和《ゆうわ》し、これらの国々と米国とを離間して、「多極化」の名の下、いずれはみずからを盟主とする「天下」の秩序を作りたいと考えているかもしれない。

しかし、そういう目的を中国周辺の国々が共有することはありえない。中国周辺の国々と企業は、中国の台頭が提供するであろう経済的機会を享受したいと期待する。しかし、同時に、これらの国々は、自分たちの行動の自由を少しでも大きくしようと試みる。そのためには、経済的、まして政治的に、中国にあまりに依存することは望ましいことではない。また、中国の軍事力強化、特に海軍力増強は脅威であるし、中国がそういう実力を背景として、ルール無視の行動をとり、あるいは自分に都合のよいルールを押しつけるといったことはご免である。

とすれば、中国周辺の国々が、一般的にどのような行動をとるか、およそ推察できるだろう。これらの国々はもちろん中国に関与する。しかし、中国台頭のリスクには、バイでも、マルティでも、いろいろ保険を掛ける。つまり、これらの国々の行動は、一般的に、関与とヘッジング（あるいは小国の場合には限定的連携）の組み合わせとなる。

表１　大陸部東南アジアの人口と経済（2010年）

国　名	人口（万人）	GDP（億ドル）	1人当たり国民所得（ドル）
タ　イ	6,700	3,189	4,992
ミャンマー	6,100	454	742
ラオス	640	65	1,004
カンボジア	1,430	116	814
ヴェトナム	8,650	972	1,174
中　国	134,000	59,259	4,382

（出典）日本貿易振興機構アジア経済研究所『アジア動向年報』2011年

しかし、これでは、中国周辺の国々が、中国の台頭に対し、どう行動しているか、なぜそういう行動をとっているか、陰影をつけて描写することも、説明することもできない。したがって、本章では、タイ、インドネシア、ヴェトナム、ミャンマーを事例として、これらの国々が中国の台頭に対しどのような行動をとっているか、なぜそういう行動をとっているかを、常に比較を念頭に置いて、分析することにしよう。

タ　イ

大陸部東南アジアのハブ

まずタイから見よう。

タイの人口は二〇一〇年で六七〇〇万人、その一割強、六九〇万人がバンコクに住む。また経済規模（ＧＤＰ）は三一八九億ドル、一人当たり国民所得は四九九二ドルである。中国と比較すれば、人口は二〇分の一、経済規模は一五分の一、きわめて小さい。

しかし、それでも、タイは、近隣の大陸部東南アジアの国々と比較すれば、人口では、カンボジア（一四三〇万人）、ラオス（六四〇万人）よりはるかに大きく、ヴェトナム（八六五〇万人）、ミャンマー（六一〇〇万人）と拮抗《きっこう》する。

また経済的には、タイのGDPは、ヴェトナム（九七二億ドル）の三倍、ミャンマー（四五四億ドル）の七倍、カンボジア（一一六億ドル）の二七倍、ラオス（六五億ドル）の四九倍、一人当たり国民所得ではヴェトナム（一一七四ドル）、ミャンマー（七四二ドル）、カンボジア（八一四ドル）、ラオス（一〇〇四ドル）をはるかに凌駕し、大陸部東南アジアにおいてまさに中心的な位置を占める。

同じことはタイの地政学・地経学的位置についても言える。タイは、山影進（「タイとCLMV」）の指摘する通り、中国との関係においても、日本、米国との関係においても、大陸部東南アジアのハブの位置を占める。

たとえば、タイは、海のアジア（これは、いまなお「米国の海」である）から見れば、カンボジア、ラオス、ヴェトナム、ミャンマーに入る「窓口」となる。また中国雲南省の省都、昆明からラオスを経由してバンコクに至る南北経済回廊、ヴェトナム（ダナン、ホーチミン）からラオス、カンボジアを経由して、それほど遠くない将来、アンダマン海に面したミャンマーのダウェーに抜けるであろう東西経済回廊と南部経済回廊は、バンコクで交叉し、バンコクがハブとなる。GMS開発の一環として進められているASEAN送電線計画についても同じである。

こうしたタイのハブ化戦略は、特に二〇〇一—〇六年のタクシン首相の時代には、バンコクを中心とするメガ・リージョン発展計画とともに構想された。タイの経済成長のためには、経済がグローバル化する中、バンコクを中心とするメガ・リージョンの国際競争力をつけるしかない。そのために、タイのハブ化とバンコクのインフラ整備（高架鉄道、地下鉄等の整備）と産業クラスター形成とFTA（自由貿易協定）の推進を連動させる、それがタクシンの構想であり、これは近年の政治不安にもかかわらず、大筋として維持されている。

東アジア／世界経済への統合

タイの対中政策は、こうしたタイの地政学・地経学的位置を考えればよくわかる。その基本は、簡単に言えば、日本、米国と連携しつつ、中国からできるだけ多くの利益を享受すること、これに尽きる。

まず、安全保障においては、タイは米国のNATOに準ずる同盟国である。タイと米国は、一九八二年以来、毎年、共同軍事演習コブラ・ゴールドを実施し、これは近年、東南アジアにおける最大規模の多国間共同軍事演習となった。しかし、タイは、有事に備えた米国の武

表２　タイの貿易依存度

単位：%

年	2000	2005	2009
輸出依存度	56.35	62.13	57.01
輸入依存度	50.67	66.73	49.61
輸出入依存度	107.01	128.86	106.62

表３　タイの貿易相手国

単位：100万ドル　（　）内は%

年	2000		2005		2009	
輸　出	68,964		110,160		151,972	
米　国	14,706	(21.32)	16,950	(15.39)	16,631	(10.94)
日　本	10,164	(14.74)	14,979	(13.60)	15,677	(10.32)
中　国	2,806	(4.07)	9,105	(8.27)	16,076	(10.58)
ASEAN3	10,148	(14.71)	17,376	(15.77)	19,851	(13.06)
輸　入	61,924		118,143		134,855	
日　本	15,315	(24.73)	26,026	(22.03)	25,210	(18.69)
中　国	3,377	(5.45)	11,153	(9.44)	17,161	(12.73)
米　国	7,291	(11.77)	8,724	(7.38)	8,502	(6.30)
ASEAN3	8,059	(13.01)	16,597	(14.05)	18,236	(13.52)
輸出入	130,888		228,303		286,827	
米　国	21,997	(16.81)	25,674	(11.25)	25,133	(8.76)
日　本	25,479	(19.47)	41,005	(17.96)	40,887	(14.25)
中　国	6,183	(4.72)	20,258	(8.87)	33,237	(11.59)
ASEAN3	18,207	(13.91)	33,973	(14.88)	38,087	(13.28)

（注）ASEAN3＝シンガポール、マレーシア、インドネシア

（出典）http://www.adb.org/sites/default/files/KI/2011/pdf/THA.pdf

器装備の貯蔵を拒否し、また中国とも定期的に共同軍事演習を行っている。たとえば、タイは、二〇一〇年七月、ハノイで開催されたARFで、南シナ海の行動規範をめぐってASEANと中国が対立した直後にも、中国と共同軍事演習を実施した。

また、タイは、中国との間で領土紛争をもたない。国境も接していない。タイにとって、安全保障上の脅威は、南タイの反乱であり、タイのハブ化戦略の当然のコストとして、武器・麻薬・人身売買などの国境を越えた犯罪であり、そしてミャンマーの核、ミサイル開発、さらにはその政治的脆弱《ぜいじゃく》性である。

タイの貿易依存度は二〇〇九年で一〇六・六%、タイ経済はすでに東アジア／世界経済に十分に統合されている。中国との貿易は、中国の経済的台頭とともにもちろん拡大した。タイ貿易に占める中国貿易の比率は、二〇〇〇年の四・七%から、二〇〇九年には一一・六%に拡大した。一方、タイ貿易に占める日本、米国の比率は、それぞれ、二〇〇〇年の一九・五%、一六・八%から、二〇〇九年には一四・三%、八・八%に減少した。これは、特に輸出において言える。タイの輸出総額に占める中国向け輸出は、二〇〇〇年の四・一%から、二〇〇九年の一〇・六%に拡大し、その一方、タイの米国向け輸出は、同時期に二一・三%から一〇・九%に減少した。しかし、同時期、タイの貿易に占めるASEAN三カ国（シンガポール、マレーシア、インドネシア）の比率は、二〇〇〇年で一三・九%、二〇〇九年で一三・三％、ほぼ同じ水準にとどまり、またヴェトナムとの貿易は拡大傾向にある。

つまり、まとめて言えば、バンコクを中心とする産業集積は東アジアの地域的な生産ネットワークに深く統合されており、タイとしては、中国との貿易が拡大しても、その結果として中国に対する経済的依存を懸念する必要はほとんどない。中国との貿易が拡大すれば、韓国、台湾、ASEAN等との貿易もほとんど自動的に拡大する。近年、タイの貿易に占める日本、米国の比率は低下している。しかし、これは、タイの貿易構造がよりバランスのとれたものとなったことを示すにすぎない。

国家戦略実現における中国台頭の意味

タイの国内政治は、こうした地政学・地経学的位置の上に構築されている。タイ政治におけるもっとも重要な政治社会的対立は、バンコクの都市中産階級と北・東北タイの農民の所得格差にある。大泉啓一郎（『消費するアジア』）の指摘する通り、タイが「中所得国のワナ」に陥ることなくこれからも成長していくためには、バンコクを中心とするメガ・リージョンを国際的にもっと競争力のあるものとしていくとともに、地方の農民の所得を底上げし、「人並みの生活をしたい」というかれらの期待にこたえていかなければならない。それがタイ政治の課題である。これを同時に達成するのは決して容易ではない。

バンコクのエリート（所得階層としては、年間世帯所得三万五〇〇一ドル以上の「富裕層」と、一万五〇〇一ドルから三万五〇〇〇ドルの「上位中間所得層」）は、特にバンコクの華人を中心として急速にグローバル化しつつある。これが文化的にどのような意義をもっているかについては、あらためて考察する。とりあえず、ここで述べておきたいことは、かれらの多くはバイリンガル（タイ語と英語）、トリリンガル（タイ語、英語、中国語）の高等教育を受けたビジネスマン、行政官、医者、会計士、法律家、大学教師等のプロフェッショナル（専門職業者）で、米国、オーストラリア、英国などに留学したことのある人たちも少なくなく、国境を越えた人的ネットワークをもち、アングロ・サクソン的なものの考え方、ビジネスのやり方をよく理解しているということである。

かれらの未来はバンコクを中心としたメガ都市、メガ・リージョンの国際競争力強化とともにある。かれらは「生産性の政治」を期待する。一方、地方、農村の人たちの多くはタイ語しかできないモノリンガルで、教育水準もそれほど高くなく、自分たちも「人並み」の生活ができるよう、セーフティネットの整備、所得移転等の「再分配の政治」を期待する。

この両者に受け入れられる政策をバランス良く打ち出すことは容易ではない。しかし、それでも、近年の政治危機を経て、タクシン、反タクシンの政治的亀裂を超えて、政治の目的は経済成長を達成し、雇用を創出し、国民の生活水準を向上させることにあるという合意は確実に形成されている。

こうしてみれば、タイのハブ化、バンコクのインフラ整備、産業クラスター形成、FTA推進等を基本とするタイの国家戦略が、国内的な大きな合意の上に成立していることも明らかだろう。これは経済成長率が高いほど、容易に達成できる。

また、この国家戦略の実現において、中国の台頭は大いに歓迎である。タイのアグリ・ビジネス（農業関連産業）にとって、中国市場の拡大は大きな魅力であるし、タイを訪れる中国人観光客は急速に増加している。タイと中国は「GMS（大メコン圏）を中国・ASEAN自由貿易地域のモデルに」というヴィジョンを共有する。また、GMS開発において、中国はすでに、ADB（アジア開発銀行）や日本以上に有力なパートナーとなっている。一方、タイは、その地政学・地経学的位置のゆえに、中国台頭のリスクを心配する必要はほとんどない。タイの対中関与はこの上に構築されている。

インドネシア

政治的安定の達成

インドネシアでは、一九九七—九八年の東アジア経済危機のさなか、スハルトの中央集権的権威主義体制が崩壊し、それ以降、三回の国民議会選挙（一九九九、二〇〇四、二〇〇九年）と二回の大統領直接選挙（二〇〇四、二〇〇九年）を経て、新しい地方分権的民主制の下、政治的安定が達成された。

また、インドネシアは、特にスシロ・バンバン・ユドヨノ大統領（二〇〇四年―現在）の時代に、アチェ和平によって国家分裂の危機を克服し、ジャマア・イスラミアのイスラム主義武闘派のテロを抑え込み、民族（エスニシティ）的・宗教的対立を地方分権によって地方政治に封じ込め、政治の目的は経済成長にあるという「生産性の政治」（あるいは「経済成長の政治」）が、統一国家インドネシアという理念とともに、中央でも地方でも、特に中産階級の間で、広範な合意を得るようになった。

メガワティ大統領時代にマクロ経済の安定が達成されて以来、インドネシアの経済成長率は二〇〇二―一一年で平均五・五％を達成し、この実績が政治の安定、さらにはユドヨノ大統領の指導下、インドネシアがふたたび国際的に重要な役割を果たす理由ともなっている。

インドネシアの対外政策の基本は、公式には、非同盟・中立にある。しかし、冷戦の時代、スハルト指導下のインドネシアは、日本、米国と緊密に連携し、またポスト・スハルトの時代にも、特にユドヨノ大統領の指導下、日本、米国、オーストラリアとの連携を深めようとしている。日本とインドネシアは、すでに長期にわたって、「事実上の同盟関係」にある。

表4　インドネシアの人口と経済

年	1995	2000	2005	2010
人口（万人）	19,500	20,600	22,000	23,400
GDP（億ドル）	2,233	1,655	2,859	7,067
1人当たりGDP（ドル）	1,144	807	1,300	2,974
実質経済成長率（%）	8.2	5.4	5.7	6.1

（出典）http://www.jetro.go.jp/world/asia/idn/stat_01/ および http://www.adb.org/sites/default/files/KI/2011/pdf/INO.pdf より白石が作成

日本はインドネシアの最大の輸出市場であり、スハルトの時代にも、ポスト・スハルトの時代にも、日本は、世界銀行とともに、インドネシアに常に多額の援助を提供してきた。

これに対し、インドネシアと米国の関係ははるかに複雑である。米イ関係は、冷戦終焉後、スハルト体制下の人権侵害、東ティモール支配を争点に急速に悪化した。米国は一九九九年、東ティモール独立を問う住民投票とその直後の首都ディリの破壊を見て、インドネシアに経済制裁を加え、また同年、大統領選挙に直接介入して、ハビビ大統領の再選を阻んだ。

しかし、この関係は、ユドヨノ政権成立以降、徐々に改善した。インドネシアの民主化が進展し、ユドヨノ政権下、アル・カイダと連携するジャマア・イスラミアの活動もかなり封じ込められたからである。これを踏まえ、ライス米国務長官は、二〇〇六年のインドネシア訪問に際し、米イの戦略的連携を提起し、軍事協力が再開された。ついで二〇〇九年、クリントン米国務長官は、その最初のアジア歴訪に際して、まずインドネシアを訪問し、翌二〇一〇年には、ゲーツ国防長官が、かつてスハルトの時代、秘密工作の尖兵として人権侵害の象徴的存在だった陸軍特殊部隊との人事交流を再開した。また、米イの戦略的パートナーシップ実現のための行動計画決定のため、同年、合同委員会も設立された。

「動的均衡」

インドネシアは世界最大の島嶼国家である。スハルト時代、敵は国内に想定され、また資源配分では経済開発が最優先されて、インドネシアの安全保障政策は、米国主導のハブとスポークの地域的な安全保障システムと、アジアにおける米国の軍事的プレゼンスを与件として組み立てられた。このため、インドネシアの防衛費は、一九七〇年代以来、きわめて低い水準に維持され、「最低限の防衛能力」の構築が国策の課題となったのは、ごく最近、ユドヨノ政権が成立して以降のことだった。

これにはいくつか理由がある。その一つは、東ティモールの独立、アチェにおける内戦の終焉によって、パプアを別とすれば、インドネシアの国家的統一がほぼ達成され、領海、さらには排他的経済水域の実効的支配がより大きな課題と見なされるようになったためである。

インドネシアにとって、マラッカ海峡、スンダ海峡、ロンボック海峡を中心とするシーレーンの安全確保は常にきわめて重要な課題である。たとえば、マラッカ海峡がテロで通航不能となれば、米国は直ちにインドネシアに介入するだろう。また、インドネシアはマレーシアと領土紛争を抱えている。さらに、南シナ海の領有権問題では中国と係争関係にはないものの、中国が南シナ海において主張する領海は、石油・ガス等の天然資源、海洋資源の豊富なことで知られるインドネシアのナトゥナ諸島の排他的経済水域と重複する。そこでこれからなにがおこりうるか、これは、二〇一〇年、中国の密漁船を拿捕しようとするインドネシア海軍の艦艇と中国の漁業監視船が睨み合い、一触即発の事態となったことではっきりした。

こうしてみれば、インドネシアが中国の台頭のリスクをどう見るか、容易に推察できるだろう。中国の経済発展とともに、その軍事力も急速に強化される。問題は、中国がその経済力と軍事力を、この地域におけるどのような目標の達成のために行使するかである。その意味で、インドネシアは、いま、ここにある中国の脅威以上に、この地域における中国の将来的役割、そして、中国の台頭にともなう東アジアの地域システムの変容に関心をもつ。

それを示すのが、ユドヨノ大統領の言う「動的均衡（dynamic equilibrium）」である。かれは、中国の台頭によって、東アジアの力の均衡が変化し、地域システムが変容していくのは、ごく自然なことと受けとめる。しかし、その結果、中国がこの地域の「盟主」として、これまで世界的、地域的に形成されてきたルールに代えて、みずから決めたルールを他国に押しつけることは受け入れない。中国とインドの台頭、ＡＳＥＡＮの成長によって、力の均衡は変わる。それに応じて、東アジアの地域システムをダイナミックに進化させる。それがユドヨノ大統領の言う「動的均衡」である。

非対称的な中国との貿易

では、インドネシアの対外経済政策はどうか。インドネシアの貿易依存度は二〇〇〇年で五八・〇%、二〇〇九年で三九・五%、インドネシア経済は、タイ経済ほどには、東アジア/世界経済に統合されていない。一方、インドネシアと中国の貿易は二〇〇〇―〇九年に五倍近く拡大し、インドネシアの輸出入に占める中国の比率は、輸出が二〇〇〇年の四・五%から二〇〇九年の七・六%、輸入が二〇〇〇年の六・〇%から二〇〇九年の一二・八%に増加した。しかし、同時期、インドネシアの貿易に占めるASEAN三カ国（シンガポール、マレーシア、タイ）の比率が一六・三%から二七・〇%に伸びたことに見るように、インドネシアは対中国貿易の拡大によって中国への経済的依存を懸念する状況とはなっていない。

しかし、それにもかかわらず、インドネシアでは、タイとは違って、中国との経済関係緊密化にともない、中国を脅威ととらえる見方が広がっている。

これにはもちろん理由がある。それは、ごく簡単に言えば、佐藤百合（『経済大国インドネシア』）の指摘する通り、インドネシアの対中貿易が、対ASEAN貿易と比較して、きわ

表5　インドネシアの貿易依存度

単位：%

年	2000	2005	2009
輸出依存度	37.65	29.97	21.56
輸入依存度	20.31	20.19	17.92
輸出入依存度	57.96	50.16	39.49

表6　インドネシアの貿易相手国

単位：100万ドル　（　）内は%

年	2000		2005		2009	
輸　出	62,139		85,660		112,551	
米　国	8,489	(13.66)	9,889	(11.54)	12,410	(11.03)
日　本	14,415	(23.20)	18,049	(21.07)	19,834	(17.62)
中　国	2,768	(4.45)	6,662	(7.78)	8,505	(7.56)
ASEAN3	9,560	(15.38)	13,514	(15.78)	20,939	(18.60)
輸　入	33,518		57,714		116,990	
日　本	5,397	(16.10)	6,906	(11.97)	10,267	(8.78)
中　国	2,022	(6.03)	5,843	(10.12)	14,951	(12.78)
米　国	3,393	(10.12)	3,886	(6.73)	5,617	(4.80)
ASEAN3	6,029	(17.99)	15,067	(26.11)	40,967	(35.02)
輸出入	95,657		143,374		229,541	
米　国	11,882	(12.42)	13,775	(9.61)	18,027	(7.85)
日　本	19,812	(20.71)	24,955	(17.41)	30,101	(13.11)
中　国	4,790	(5.01)	12,505	(8.72)	23,456	(10.22)
ASEAN3	15,589	(16.30)	28,581	(19.93)	61,906	(26.97)

（注）ASEAN3＝シンガポール、マレーシア、インドネシア

（出典）http://www.adb.org/sites/default/files/KI/2011/pdf/INO.pdf

めて非対称的なことである。一九九〇年のインドネシアの対中輸出においては、工業製品が六二%を占めた。これが二〇一〇年には二〇%に縮小し、その一方、原材料、燃料、植物油、特に石炭とパーム・オイルの輸出が全体の七八%を占めるに至った。一方、中国からの輸入では、一九九〇年に六二%だった工業製品のシェアが二〇一〇年には八九%に拡大した。これはASEANとの貿易において資源・燃料と工業製品がうまくバランスしている（インドネシアからASEAN諸国への輸出に占める工業製品のシェアは一九九〇年で五八%、二〇一〇年で五三%、インドネシアのASEAN諸国からの輸入に占める工業製品のシェアは一九九〇年で五三%、二〇一〇年で五四%）のと対照的である。

この結果、中国との貿易拡大は中国への一次産品、資源エネルギーの輸出の拡大、中国からの廉価な工業製品輸入の拡大というかたちで、インドネシアの貿易構造、さらには産業構造を変えかねないという懸念が高まっている。二〇一〇年にASEAN・中国FTAが発効してまもなく、繊維、靴、家具、化粧品、石油化学、化学繊維、鉄鋼、電気電子、自動車部品、機械等、きわめて広範囲にわたる業界団体からASEAN・中国FTA見直しの要求が出て、インドネシア政府が時限的輸入規制、規格遵守、安全基準の制度化等の措置を導入したのはそのためである。

経済協力の実質的内容

また、インドネシアは、中国との経済協力においても、期待したような成果を挙げられないでいる。中国にとって、資源大国インドネシアとの経済協力でもっとも重要なものはエネルギー協力である。このため、中国の対インドネシア投資は、エネルギー協力の進展とともに拡大してきた。これは二〇〇二年、メガワティ大統領の訪中に際し、エネルギー・フォーラムが結成されたことで始まった。これを受けて、ペトロチャイナ（中国石油天然気）、CNOOC（中国海洋石油総公司《コンス》）のエネルギー投資が拡大し、インドネシアは中国に液化ガスを供給する契約（タングーの液化天然ガス・プラントから福建省に年間二六〇万トン、二五年間供給の契約、二〇〇七年から供給開始）を締結した。

これ以降、中国は、経済協力をインドネシアとの関係強化の主たる政策手段としてきた。その最近の例としては、二〇一一年四月の温家宝《おんかほう》首相のインドネシア訪問がある。温家宝首相は、この際、ユドヨノ大統領との会談で、政治対話、経済関係の強化など、両国の戦略的関係の深化で一致するとともに、中国がインドネシアのインフラ整備などに九〇億ドルを融資すること（ただし、期間は明示されず）、今後五年で二国間の貿易額を倍増させることで合意した。

問題は、こうした合意にしたがって、実のところ、なにがおこっているのかである。それには、二〇〇五年、胡錦濤国家主席のインドネシア訪問に際して合意された協定を見ればよい。

胡錦濤国家主席は二〇〇五年四月、アジア・アフリカ会議五〇周年記念行事のためインドネシアを訪問し、ユドヨノ大統領とインドネシア・中国の戦略的提携協定を締結した。また、その際、インドネシアと中国は、二国間の貿易を二〇〇四年の一四〇億ドルから二〇〇八年には二〇〇億ドル、中国の対インドネシア投資を一〇〇億ドルに拡大することで合意した(中イ貿易は、二〇〇七年に一八三億ドル、二〇〇八年には四五〇億ドルに達した)。

この合意を受けて、ユドヨノ大統領は、同年七月に中国を訪問、発電所、鉄道、製油所、有料道路、カリマンタンにおける一〇〇万—二〇〇万ヘクタールのパーム・オイル農園プロジェクト等、総額七五億ドルに上る覚書を交換し、さらに八月には、ユスフ・カラ副大統領が訪中、四九億ドルのインフラ案件を締結した。また、カラ副大統領は、二〇〇六年四月にもふたたび訪中し、石炭火力発電所建設加速計画、いわゆる「クラッシュ・プログラム」推進のために中国企業と提携することも決定した。

では、なにがおこったか。中国の経済協力については、第三章であらためて述べる。とりあえず、ここで確認しておきたいことは、首脳外交で合意された官民一体型の経済協力プロジェクトにおいては、技術協力、役務提供、労務提供、輸出信用、政府借款、贈与等が融通無碍《むげ》に組み合わされていることである。

その規模は、国際比較でも、中国企業の直接投資と比較しても、きわめて大きい。佐藤百合（「インドネシアから見た中国のプレゼンス」）の調査によれば、中国企業の直接投資は二〇一〇年までの累積で一一・五億ドル、これに対して、プロジェクト請負（契約ベース）は二〇一〇年だけで八六・八三億ドルに達する。これは二〇一〇年の中国の経済協力の規模としてはインド（一〇一・七五億ドル）に次ぎ、ヴェトナム（四四・〇六億ドル）、ミャンマー（三四・九四億ドル）を凌駕する。こうした経済協力案件はインフラ整備が中心で、特に発電所の建設では、中国の重電メーカーがインドネシアの発電所ビジネスを席巻するとともに、インドネシア政府から見れば、借款の供与条件が交渉プロセスで変更され、談合が行われるなど、きわめて不本意な結果となった。

また、それに加え、個別案件がいくつか、かなり深刻な問題を生んでいる。

一つは、中国の経済進出とともに、スハルト時代にはビジネス・エリートの国内対立だった華人ビジネスとプリブミ・ビジネス（華人以外の「現地」の人々のビジネス）の対立が国際化する可能性が生まれたことである。その一例がカリマンタンのパーム・オイル農園プロジェクトである。これは、インドネシアの華人ビジネス・グループのシナール・マスが中国の国営企業ＣＩＴＩＣ（中国中信集団公司）と合弁で中国開発銀行から五億ドルの融資を得て、カリマンタンでパーム・オイルの開発協力を行うというもので、熱帯雨林の破壊をもたらすと環境保護グループが批判するプロジェクトである。その際、一つ問題となったのは、シナール・マスがスハルト時代、サリム・グループと並ぶスハルトの政商（チュコン）としてビジネスを拡大し、一九九七—九八年の東アジア経済危機のさなか、一兆円に達する負債を抱えて破綻したという事実だった。つまり、別の言い方をすれば、シナール・マスとCITICの合弁は、かつてのスハルトの政商が今度は中国の国営企業と組み、中国政府の後見を得てインドネシアに復帰することを意味した。

もう一つは、武器装備の製造等、戦略産業分野における協力である。二〇〇五年の首脳会談の合意では、この分野における協力でインドネシアのカウンターパートとされたのは、航空機製造（Dirgantara）、爆薬製造（Dahana）、造船（PAL）、銃器製造（Pindad）等の国営企業だった。しかし、この合意にどれほど実質的意味があったか、いまに至るも、きわめて不透明である。インドネシアのユウォノ・スダルソノ国防相（二〇〇四—〇九年）は、中国との提携は米国との連携に代わるものではない、インドネシアは国防力強化のためには、ドイツでも、フランスでも、中国でも、協力の用意があると、その政治的意義を明確に否定し、実際、インドネシアの武器装備等の調達先は政策的に分散の方向にある（二〇〇四年のデータでは、インドネシアの武器装備調達は、米国三四％、フランス一二％、ドイツ一二％、ロシア一〇％、英国九%、その他二三%となっている)。

こうしてみれば、インドネシアと中国の経済協力がまさに「取り引き」以外のなにものでもないことは明らかだろう。二〇〇五年のユドヨノ大統領と胡錦濤主席の取り引きで、中国は資源・エネルギー分野で取るべきものを取った。インドネシアはジャワの発電能力増強(クラッシュ・プログラム)で利益を取るはずだった。しかし、うまく行かなかった。その結果、長期の信頼関係は生まれず、それどころか、安全保障上の懸念、経済関係の深化にともなう貿易構造のゆがみなどによって、不信が深まりかねない。それぞれ、取るべきものを取ろうと、その都度、取り引きをする、しかし、ウィン・ウィンとはなかなかならない、それがインドネシアと中国の戦略的提携の実質的内容である。

ヴェトナム

貿易の多様化・多角化

では、ヴェトナムはどうか。

ヴェトナムにとって冷戦の終焉はきわめて深刻な危機だった。ヴェトナム最大の同盟国のソ連は、ゴルバチョフの指導下、ペレストロイカを推進し、結局、崩壊した。ヴェトナムはまた、カンボジアの内戦で泥沼の中にいた。経済はソ連の援助を失ったあと、ほとんど崩壊状態に陥った。

そうした中、ヴェトナムは、党国家体制の維持を課題として、一九八八年の政治局決議以来、「平和の維持と経済の発展」を最大の戦略目標に据えた。経済の発展と成長は、党国家体制の安定と正統性を測るもっとも重要な指標とされ、その論理的系として貿易の促進と直接投資の誘致が重視された。また、外交においては、ヴェトナムの経済発展に資する平和で安定的な外部環境の維持が最大の課題となり、そのためにヴェトナム経済の開放と東アジア／世界経済への統合、外交関係の多様化と多角化、地域協力・国際協力プロセスへの参加等が重視された。また、カンボジア内戦をめぐるASEAN諸国との対立、中国との領土紛争等は平和的に解決することが方針となった。

こうした戦略はこの二〇年、うまく行った。二〇〇〇—〇九年、ヴェトナムは年平均七・二五％の経済成長を達成し、一人当たり国民所得も、二〇〇〇年の四〇二ドルから二〇一〇年には一一七四ドルに上昇した。また、ヴェトナムの貿易依存度は二〇〇一年に一〇〇％を超え、二〇〇五年には一三〇・八％に達した。さらに、国別で見ると、二〇〇九年のヴェトナムの貿易に占めるASEAN三カ国（輸出ではシンガポール、マレーシア、フィリピン、輸入ではシンガポール、マレーシア、タイ）の比率が、輸出で九・九％、輸入で一八・八％となっ

表7　ヴェトナムの貿易依存度

単位：%

年	2000	2005	2009
輸出依存度	46.46	61.32	58.75
輸入依存度	50.16	69.47	71.98
輸出入依存度	96.63	130.79	130.73

表8　ヴェトナムの貿易相手国

単位：100万ドル　（　）内は%

年	2000		2005		2009	
輸　出	14,483		32,447		55,401	
米　国	733	(5.06)	5,924	(18.26)	11,853	(21.39)
日　本	2,575	(17.78)	4,340	(13.38)	6,327	(11.42)
中　国	1,536	(10.61)	3,228	(9.95)	4,040	(7.29)
ASEAN3	1,778	(12.28)	3,774	(11.63)	5,509	(9.94)
輸　入	15,637		36,761		79,897	
日　本	2,301	(14.72)	4,074	(11.08)	7,170	(8.97)
中　国	1,401	(8.96)	5,900	(16.05)	13,199	(16.52)
米　国	364	(2.33)	863	(2.35)	3,418	(4.28)
ASEAN3	3,894	(24.90)	7,719	(21.00)	14,983	(18.75)
輸出入	30,120		69,208		135,298	
米　国	1,097	(3.64)	6,787	(9.81)	15,271	(11.29)
日　本	4,876	(16.19)	8,414	(12.16)	13,497	(9.98)
中　国	2,937	(9.75)	9,128	(13.19)	17,239	(12.74)
ASEAN3	5,672	(18.83)	11,493	(16.61)	20,492	(15.15)

（注）輸出の項のASEAN3＝シンガポール、マレーシア、フィリピン
　　　輸入・輸出入の項のASEAN3＝シンガポール、マレーシア、タイ

（出典）http://www.adb.org/sites/default/files/KI/2011/pdf/VIE.pdf

ている。ここに見るように、ヴェトナムは東アジアの地域的な生産ネットワークにすでにかなり統合され、その意味で、貿易の多様化・多角化に成功したと言ってよい。

戦略的な首脳外交

一方、ヴェトナムの対外政治関係については、二〇〇六年に開催された党大会以降の党と政府の指導者の行動を見るとよい。二〇〇六年はヴェトナムの党と政府の指導者の交代の年だった。党大会では、ノン・ドゥック・マインがヴェトナム共産党中央執行委員会書記長に選出され、国会では、グエン・タン・ズンが首相に選出された。

では、二人は、そのあと、どこを訪問したか。一方、マイン書記長は中国を訪問し、胡錦濤主席と会談して、経済技術協力協定に調印した。一方、ズン首相は日本を訪問し、「アジアにおける平和と繁栄のための戦略的パートナーシップの構築に向けて」という共同声明を出した。つまり、ごく簡単に言えば、ヴェトナムの党国家指導部は、きわめて戦略的に中国と日本のバランスをとっており、同じことは、それ以降のヴェトナムの党・政府要人の外遊先を見ても明らかである。たとえば、二〇〇八—〇九年、マイン書記長は日本と中国を一回ずつ訪問した。一方、ズン首相は、中国を三回、日本を二回、米国を一回、訪問した。

なお、付言しておけば、同じことは二〇一一年の党国家指導部の交代のあとにもおこっている。ヴェトナム共産党は二〇一一年一月に第一一回党大会を開催し、経済改革を引き続き推進し、「二〇二〇年までに近代的な工業国となるよう努力する」ことを目標とするとともに、党内序列第一位のグエン・フー・チョン書記長以下、一四人の政治局員を選出した。ついで七月に召集された国会では、党内序列第二位のチュオン・タン・サンが国家主席に選出されるとともに、第三位のグエン・タン・ズンが首相に再任された。ズン首相は八月三日の演説で「独立と主権、領土を強固に守っていく」と強調するとともに、インフレの抑制と経済の安定を重視する方針を表明した。このあと、グエン・フー・チョン書記長は一〇月、中国を訪問し、グエン・タン・ズン首相は日本を訪問した。

こうした首脳外交からもうかがわれるように、ヴェトナムは、きわめて戦略的に、日本、米国との関係を進展させてきた。この結果、ヴェトナムは日本の最大の援助供与国となり、日本企業の有力な直接投資先となった。また、最近では、日本と原子力協定を締結し、原子力発電所建設について合意した。一方、米国との関係も二〇〇〇年代に大いに改善した。ヴェトナムは二〇〇一年、米国と通商協定を締結し、二〇〇七年にはWTOにも参加した。二〇〇八年には、ズン首相の訪米に際し、ブッシュ大統領からヴェトナムの主権、安全、領土の統一性について支持をとりつけた。さらに、二〇一〇年には、米国の「国防計画見直し」で、ヴェトナムは新しい包括的連携を構築すべき国とされ、同年、米国の国防次官補代理とヴェトナムの国防副大臣のレヴェルで、史上初の防衛対話が開催された。また、この年、ヴェトナムはTPP参加を公式に表明した。

非対称性の「管理」

ヴェトナムがこのように日米との関係強化に動いているのは、もちろん、中国の台頭のためである。ヴェトナムにとって、中国は、その人口規模と富と力において圧倒的に優勢な隣国であり、歴史的に見ても、中国台頭のたびに、ヴェトナムは中国の侵略の対象となってきた。最近では、一九七九年、鄧小平指導下の中国が、カンボジア内戦に介入したヴェトナムに対し「懲罰」行動をとっている。

中越関係は、その後、一九九〇年に成都で開催された首脳会談と、一九九一年のカンボジア紛争の包括的政治解決合意以来、正常化された。しかし、中国は人口でヴェトナムの一五倍、経済規模では六一倍に達する。ヴェトナムとしては、こうした人口、領土、経済力、軍事力等、あらゆる次元における規模と力の圧倒的な非対称性の下、これを前提として、中越関係「管理」のためには、使えるものはなんでも「てこ」として使うほかない。かつて冷戦の時代、ヴェトナムはソ連を「てこ」として中国に対し、最近では、ロシア、ASEANに加え、日本、米国、さらにはインドを「てこ」として中国に対している。

では、ヴェトナムは、中越関係をどう「管理」しているのか。一九九〇―九一年の外交関係正常化以降、ヴェトナムは中国を「良き友人、良き同志、良きパートナー、良き隣人」として遇してきた。そこでの最大の懸案の一つは国境線の確定だった。これについては、中越陸上国境協定締結（一九九九年）、陸上国境画定合同委員会設立（二〇〇一年）を踏まえ、二〇〇九年には一三〇〇キロにわたる陸上国境線の確定に関する合意が締結された。一方、海については、一九九九年の北部湾国境画定協定を踏まえ、南シナ海をめぐるハイレヴェル協議が開始された。しかし、南シナ海の領有権問題が近年、中越の深刻な対立点となっていることはすでに見た通りである。

南シナ海の領有権問題に関するヴェトナムの立場はきわめてはっきりしている。二〇〇九年のグエン・チ・ビン国防副大臣のことばを借用すれば、「東海（南シナ海）」を「平和と友情と発展の海」にする、そのためにはすべての関係国が「自制を働かせ、行動宣言を厳に遵守し、行動規範を強化すること」、そして、武力によってではなく、平和的に解決することである。これは、二国間交渉による問題解決を主張しつつ、海軍力の強化、漁業監視船の活動強化等によって、南シナ海の実効的支配を着実に押し進めようとする中国の戦略とは対立する。では、どうするか。

みずからの海軍力を強化し、米国、その他を「てこ」に使うことである。ヴェトナムは、二〇一〇年、カムラン湾に、ロシアの支援を受けて、潜水艦、空母をふくめ、あらゆる国の海軍艦艇にもサーヴィスを提供する総合港建設の計画を発表した。シンガポールと同様、事実上、米国海軍艦艇に拠点を提供するとの意思表示である。また、二〇一一年には、キロ級潜水艦六隻を、五―六年以内にロシアから購入し、潜水艦隊を編成すると表明した。中国の海軍力強化、特に空母配備への対抗措置である。さらに同年、ヴェトナムは、カムラン湾の北、ニャチャンの軍港にインド軍艦の駐留も要請した。

ヴェトナムにとって、米国は決して同盟国ではない。二〇〇九年の国防白書で明言する通り、ヴェトナムにとって、「民主的自由、信仰の自由、人権を乱用」する勢力は警戒を要する敵対勢力である。しかし、南シナ海における「主権、主権的権利、管轄権をめぐる争い」が、ヴェトナムの安全保障、さらには「海洋経済の発展」に対する大きな脅威となっていることからすれば、伝統的同盟国ロシアに加え、日米、さらにはインドと連携して、中国の脅威をリスク・ヘッジするほかない。安全保障において米国と連携しつつ、ロシア、インドと連携する。原子力発電所、さらには高速鉄道、高速道路等の戦略的インフラ整備、人材育成について日本と連携しつつ、軍港の整備はロシアの支援を求める。ヴェトナムはこうしたきわめて複雑なリスク・ヘッジによって中国の台頭に向かい合い、その規模と力の非対称性を「管理」する。

ミャンマー

ミャンマーでは、一九八八年のクーデタが、ネ・ウィン指導下のビルマ式社会主義体制から軍事政権への転機となった。

その二年後、一九九〇年には総選挙が実施され、アウン・サン・スー・チーの率いる国民民主連盟（NLD）が圧勝した。しかし、軍事政権はこの選挙結果を無視し、「暫定」政権として権力の座に居座った。この状態は二〇一一年まで続いた。二〇一〇年に新憲法が制定され、自由でも公平でもない総選挙によって議会が召集され、大統領と副大統領が選出されて、二〇一一年、かたちの上では「民政移管」が実現した。しかし、現体制の下でも、国軍が国家の屋台骨として国権を掌握している事情にはいささかの変化もない。したがって、ミャンマーの軍事政権、さらには国軍を屋台骨とする現在の政権は、基本的には、国家と政権と国軍を同義ととらえ、国軍の利益は政権の利益であり、政権の利益は国家の利益であると考えているはずである。しかし、二〇一一年の民政移管以降、ミャンマーの国内政治、外交政策にはテイン・セイン大統領の指導下、注目すべき変化がおこっている。これについては、あらためて述べる。

経済的孤立と貧困

まずは一九八八—二〇一〇年のミャンマーについて、整理しておこう。

米国は、一九八八年以来、ミャンマーを「専制の拠点」と名指しして経済制裁を科した。これはミャンマーの民主化にはなんの効果もなかった。一方、ASEANは、「建設的関与」によってミャンマーの民主化を促そうと試みた。これも効果はなかった。しかし、米国主導の経済制裁は、ミャンマーの経済的孤立をもたらした。ASEANの国々、特にタイは、ミャンマーの最大の貿易相手となったが、米欧の経済制裁下、日本企業がミャンマーに大規模な直接投資をするわけがない。こうして、ミャンマーはこの二〇年、東アジアの生産ネットワークに統合されることはなかった。それがミャンマーの経済的孤立の意味である。

ミャンマーの国別貿易額を見れば、ミャンマーとタイ、中国、インドの貿易は着実に拡大し、二〇一〇年で六〇%を超えている。しかし、これは、ミャンマー経済の東アジア／世界経済への統合をもたらすものではなかった。

ミャンマー経済は、こうした経済的孤立もあって、ごく最近まで停滞した。その結果、ミャンマーの一人当たり国民所得は二〇一〇年で七四二ドルと、きわめて低い水準にとどまっている。しかし、こうした経済の停滞がミャンマーの社会政治危機をもたらすことはなかった。それは、ごく簡単に言えば、ミャンマーの人たちが貧しいなりに、みんな食べているからだった。

ミャンマーの人々の生活水準については、藤田幸一（「ミャンマーの『貧困』問題」）の示唆に富む研究がある。ここでは、ミャンマーの政治的安定との関連で、二つ、その要点を紹介しておきたい。

第一に、ミャンマーの一人当たり所得は、市場為替レートのドル換算で見ると、ラオス、カンボジアより低い。しかし、食生活を見ると、ミャンマーの人たちはカンボジア、ラオス、ヴェトナムの人たちと同じくらい、またバングラデシュよりもっと質の高い、油脂、魚介類、果物、卵、飲料などを飲食している。

第二に、ミャンマーでは、一人当たり家計支出額で見た最上位の二〇％と最下位の二〇％で、約四倍の格差があるが、家計支出に占める食費の割合（エンゲル係数）にはほとんど違いがない。つまり、所得格差は、主として、より豊かな食生活を享受するという格差になっている。これは電気、水道、家屋などの生活インフラが未整備なためである。特に農村部において電化率が二〇％以下ときわめて低く、そのため、テレビ、冷蔵庫、その他の家電製品が普及していない。その結果、階級格差、所得格差は、だれの目にも明らかなかたちではなかなか表現されず、貧しい人たちも貧しいなりに食べ、タイのように「人並み」の豊かな生活を期待したりしない。その意味で、「期待の革命」はおこっていない。こういうところで民主化運動はなかなかおこらない。

中国依存の深まり

米国主導の経済制裁には、経済的孤立に加え、ミャンマーの中国依存を深めるという効果もあった。経済制裁はミャンマーの民主化には効果がなかった。しかし、それでも米国は、ミャンマーの大きな脅威となった。しかも、米国は、機会があればミャンマーに介入しようとした。たとえば、米国は、一九八八年の政治危機に際して、ミャンマーの特別経済水域内に空母機動部隊を派遣し、二〇〇八年のサイクロン災害の際にも、ミャンマー政府の要求する援助送達手続きを無視して、空母機動部隊をミャンマーに派遣した。

ミャンマーは、米国の脅威に対応して、軍事政権成立以来、中国依存を深めていった。これは、一九八九年、ときの国軍参謀次長タン・シュエ中将の訪中で始まった。このとき、ミャンマーは、中国から一二億ドルにのぼる軍事援助をとりつけ、これ以降、中国から継続的に軍事援助、経済援助を受けるようになった。また、ミャンマー・中国首脳の相互訪問も定着した。たとえば、二〇〇九―一一年、民政移管のきわめて重要な時期に、中国共産党政治局常任委員九名のうち、李長春《りちょうしゅん》（二〇〇九年三月）、習近平《しゅうきんぺい》（二〇〇九年一二月）、温家宝（二〇一〇年六月)、賈慶林《かけいりん》(二〇一一年四月)の四名がミャンマーを訪問した。また、ミャンマーからは、タン・シュエ国家平和発展評議会(SPDC)議長(二〇一〇年九月)、テイン・セイン大統領(二〇一一年五月)が訪中した。

これら要人の相互訪問では、ミャンマーと中国の戦略的な経済協力が重要テーマとなった。たとえば、習近平(国家副主席)は、二〇〇九年一二月のミャンマー訪問に際して、経済技術協力覚書を締結、これによってミャンマー西部、ラカイン州の港湾都市チャウピューから中国への石油・ガスパイプライン建設のプロジェクトが本格的に稼働することになった。ついで、二〇一〇年六月の温家宝首相のミャンマー訪問で、石油・ガスパイプライン建設が最終決定された。また二〇一一年四月には、中国鉄路工程総公司とミャンマー鉄道公社の間で、ミャンマー北東部、シャン州の中国・ミャンマー国境に隣接するムセからチャウピューに至る鉄道建設に関する了解覚書が締結された。

チャウピューから雲南省昆明まで総延長約一一〇〇キロに達する。チャウピューでは中国の支援で港湾整備、さらには二〇〇九年に着工した石油・ガスパイプラインの建設も進んでいる。チャウピューの港湾整備、石油・ガスパイプラインと鉄道の建設、これらすべてのプロジェクトが完成したときには、中国は昆明からムセを経由し、ミャンマーを縦断して、ベンガル湾のチャウピューに至るルートを確保することになる。

では、これにどのような意味があるのか。ミャンマーは、中国との経済協力の拡大によって、中国の「衛星国」となりつつあるのか。

近年、ミャンマーは、年間四〇〇〇万バレル以上の原油と八〇億立方メートル以上の天然ガスを生産している。原油と天然ガスはこれまで、主としてタイとインドに輸出された。しかし、ミャンマーから中国への石油・ガスパイプラインが完成すれば、中国は二〇一三年には、ミャンマー最大のガス輸入国になると予想され、原油についても、毎年二〇〇〇万トンをミャンマーから輸入できることになる。また、それ以上に重要なこととして、中国はアフリカ、中東から輸入する原油を、マラッカ海峡を通過することなく、自国に送ることができるようになる。

あたりまえのことであるが、タン・シュエ議長は、チャウピューの港湾整備、チャウピューから昆明への石油・ガスパイプラインと鉄道敷設の戦略的意義をよく理解し、これを「えさ」に、低利借款、プラント輸出、武器装備の供与、基地建設等、経済協力、軍事協力の名の下に、実に多くの譲歩を中国から引き出した。中国とミャンマーの「戦略的パートナーシップ」は、結局のところ、こうした取り引きの総和からなった。

タイ、インドとの関係緊密化

しかし、これは、ミャンマーが政治経済的にますます中国に依存し、中国の「衛星国」になりつつあるということではない。ミャンマーにとって、中国はその最大の貿易相手ですらない。二〇〇九年、ミャンマーの貿易の六五％以上がタイ、中国、インドとの貿易となっている。輸入では中国（三三・三％）が第一であるが、輸出ではタイ（四六・四％）が最大である。これはミャンマーのガス輸出がまずタイとの間でまとめられたからである。また、経済協力について言えば、ミャンマーはタイとも経済協力を進めている。その好例が、二〇一〇年、タイのアピシット首相のミャンマー訪問の際に合意された経済協力である。

この経済協力で対象となったのは、ミャンマーの南部、アンダマン海に面したダウェーで、ミャンマーとタイは、ダウェーに大型コンテナ船も入る大規模港湾施設を建設し、ヴェトナムからカンボジアを経由してバンコクに至る「東西回廊」を延伸してダウェーにつなぎ、発電所、工業団地を整備して、鉄鋼、石油化学等、重工業中心の経済特区を建設しようと計画している。二〇一一年七月現在、バンコクからタイ・ミャンマー国境のタイ側、カンチャナブリ県バン・プ・ナムロンまでの二車線の道路はほぼ完成している。また国境のミャンマー側からダウェーまでの道路は建設中で、ミャンマー政府によれば、二〇一五年には完工の予定である。これが完成すれば、ダウェーは、バンコクから半島を横断してインド洋に抜ける玄関口となる。

表９　ミャンマーの貿易相手国

単位：100万ドル　（　）内は%

年	2000	2005	2009
輸　出	1,980	3,707	5,491
タ　イ	233（11.77）	1,623（43.78）	2,549（46.42）
インド	163　（8.23）	451（12.17）	718（13.08）
中　国	114　（5.76）	250　（6.74）	495　（9.01）
輸　入	3,039	3,577	6,448
中　国	546（17.97）	1,028（28.74）	2,144（33.25）
タ　イ	555（18.26）	777（21.72）	1,694（26.27）
インド	53　（1.74）	123　（3.44）	206　（3.19）
輸出入	5,019	7,284	11,939
タ　イ	788（15.70）	2,400（32.95）	4,243（35.54）
中　国	660（13.15）	1,278（17.55）	2,639（22.10）
インド	216　（4.30）	574　（7.88）	924　（7.74）

（出典）http://www.adb.org/sites/default/files/KI/2011/pdf/MYA.pdf

タイの建設大手イタリアン・タイ・デヴェロップメント（ＩＴＤ）によれば、ダウェー開発の総事業費は五八〇億ドル、タイのハブ化戦略からすればわかりやすいプロジェクトであるが、ミャンマーとしても、中国に一方的に依存しないという意味で、その意義は大きい。ミャンマーはこのプロジェクトで失うものはなにもない。タイ企業が自国に投資し、発電所、大型港などインフラを整備してくれる。自国農作物の高付加価値化、タイからの観光客増加も期待できる。

さらにまたミャンマーは、近年、インドとの関係も緊密化しつつある。

経済協力について見れば、二〇〇四年のタン・シュエ議長の訪印に対する返礼として、二〇〇六年にインドのカラム大統領がミャンマーを公式訪問し、それまでタイ、中国が先行していたミャンマーからの天然ガス調達について、ミャンマーと基本合意に達した。

また軍事協力については、二〇〇六年、インド陸海空軍司令官が、それぞれミャンマーを訪問、合同軍事演習、武器売却について、ミャンマー国軍と協議した。特にミャンマー海軍は、同年、インド海軍の主催する共同海軍演習「ミラン二〇〇六」に艦艇（コルヴェット艦）を派遣し、初めて、外国海軍と共同軍事訓練を実施した。また、これに先立ち、ミャンマー海軍はインド海軍将校をアンダマン海のココ諸島に招待し、それまで設置が噂されていた中国人民解放軍のレーダー施設がココ諸島には存在しないことを確認させた。

さらに、最近では、二〇一〇年のタン・シュエ議長の訪印に際し、ミャンマーとインドは、情報共有、科学技術協力等で合意し、インド輸出入銀行はミャンマーに対し、六〇〇〇万ドルの鉄道車両輸出金融を供与した。また、その直後、インドの国営企業はミャンマーにおいて、一三億ドルのガス開発、パイプライン建設投資を発表した。

こうしてみれば、ミャンマーが中国の「衛星国」となっていないことは明らかだろう。ミャンマーは国際的に孤立してきた。しかし、政治はそれなりに安定していた。また、ミャンマーは、ガス輸出で外貨を稼ぎ、その地政学・地経学的位置を十分に使って、中国、タイ、インドと経済協力、軍事協力を推進し、中国に一方的に依存することのないよう、まさにバランスをとった。

民政移管以来、テイン・セイン大統領はこれを増幅するかたちで外交政策を展開しようとしている。しかし、そこで注意すべきは、新政権が、タイ、インドネシア、ヴェトナムと同様、経済成長を政治の目的に据え、その一環として、国際的孤立を打破しようと試み始めたことである。それが具体的になにを意味したか、それを理解するには二〇一一年一月以降のミャンマーの動向を丁寧に見る必要がある。

民政移管

ミャンマーの民政移管は二〇一一年一月三一日の議会召集で始まった。議会は二月四日、国家平和発展評議会（SPDC）のナンバー4のテイン・セイン首相を大統領に選出した。テイン・セインは三月三〇日、大統領に就任し、新政権が発足、SPDCは解散した。またこれに先立ち、二月一六日には、タン・シュエSPDC議長がそれまで兼務してきた国軍司令官に、ミン・アウン・フライン総参謀長（五五歳）が就任した。

議会ではSPDCの設立した翼賛政党、連邦団結発展党（USDP）が上下両院議席の七割以上を占めた。テイン・セインはSPDCのナンバー4としてタン・シュエ議長の下で首相を務め、また副大統領の一人（シュエ・マン）はSPDCのナンバー3でタン・シュエ国軍司令官の総参謀長だった。新政権がタン・シュエ時代の政治から大きく踏み出すことはまったく予想されなかった。

ところが、四月一八日、ミャンマー政府は二〇一四年のASEAN議長国就任に手を挙げた。ミャンマーは二〇〇六年にASEAN議長国就任を断念したことがある。米欧の批判を怖れたASEANの他のメンバーの圧力のためだった。したがって、ミャンマーが二〇一四年のASEAN議長国就任に手を挙げるということは、新政権が、人権侵害その他、これまで米欧のミャンマー批判の理由となってきた懸案になんらかのかたちで取り組み、関係を改善するとの意思を示すものだった。

ついで四月二八日には、テイン・セイン大統領はアウン・サン・スー・チーの友人で経済学者のウ・ミンを大統領経済顧問に任命した。ウ・ミンは国連アジア太平洋経済社会委員会（ESCAP）勤務の経験もある経済学者で、大統領から貧困削減に取り組むよう要請されたという。

このあと、おそらく権力闘争があった。次のような噂が流れた。タン・シュエが、憲法上、なんの根拠もない「軍評議会」を設立して新政権の意思決定に影響力を行使している。政策課題、国内情勢等について報告を受け、指示を出している。政治犯の釈放に反対している。「軍評議会」が分裂し、SPDCのナンバー2だったマウン・エイが引退を表明、七八歳のタン・シュエにも身を引くよう進言した、などである。

しかし、九月中旬には、与党USDPの幹部が、タン・シュエについて、引退し自宅で静かに暮らしている、テイン・セイン大統領ともまったく接触していない、と語った。

権力闘争はおそらく八月上旬までに決着したのであろう。テイン・セイン大統領は八月二二日に議会で演説し、「政府は国民の望みを理解しており、その実現に全力を尽くす」と述べて、国民和解、経済成長による国民生活の改善に取り組む決意を表明した。また「国際社会と協力する」と述べ、米欧の経済制裁解除などを念頭に置いてのことであろう、国際社会との関係改善に意欲を示した。

これは一つには、おそらくスハルト時代のインドネシアの経済発展の政治を念頭に置いたものだった。ミャンマーは憲法制定に際し、スハルト時代のインドネシアの一九四五年憲法をモデルとし、議会における国軍代表議員制度等を導入したからである。

またもう一つの理由は、ミャンマーの経済成長に外国からの直接投資を期待できると判断したためだった。実際、二〇一〇年度(二〇一〇年四月―一一年三月)の外国からの直接投資額は約二〇〇億ドル(約一兆六〇〇〇億円)に達し、これは一九八八―二〇〇九年の外国投資累計額、約一六〇億ドルを一年で上回った。

テイン・セイン大統領はまた、議会演説に先立ち、アウン・サン・スー・チーと会談し、政府とNLDとの対話が始まった。政治犯が釈放され、労働組合の組織とストライキの権利が承認され、政党登録法が改正された。二〇一一年四月一日に実施された上院・六、下院・

三七、地方議会・二の合計四五議席の補欠選挙では、アウン・サン・スー・チーを総裁とするNLDが大勝した。また、政府は、この頃までに、これまで反政府武装闘争を行ってきた少数民族勢力一一のうち、六勢力と停戦で合意した。

さらに、経済政策においては、投資誘致に向けて「外国投資法」を二四年ぶりに改正し、外資に土地所有などを解禁し、二〇一一年四月一日には通貨チャットについて管理変動相場制を導入し、これまで公定レートは一ドルで約六チャット、市中で流通する実勢レートは約八〇〇チャットと大きな差があった二重為替を解消した。

こうした政治経済の自由化に関わる一連の措置は、外交政策とも連動していた。先にも述べたように、新政権発足直後、四月四日には、中国全国政治協商会議の賈慶林議長がミャンマーを訪問し、テイン・セイン大統領と会談した。この席上、大統領は「新政府発足後の対中政策は変わっていない。平和共存五原則に基づいて、中国との友好関係を保っており、両国の経済貿易協力プロジェクトを着実に推進し、国際舞台で中国と協力しあう」と述べた。おそらくこれはその通りであろう。テイン・セイン大統領の構想する「経済成長の政治」の成功のためには、中国との経済関係はきわめて重要である。

二〇一一年一月現在、ミャンマーにおける中国の直接投資累計額は九六億ドル、国・地域別でタイを抜き、第一位となった。また二〇一〇年のミャンマー・中国貿易は四四億ドルに達し、前年比で五割の増加である。

賈慶林のミャンマー訪問を受けて、五月二六―二八日、テイン・セイン大統領はASEAN外では最初の外遊先として中国を訪問し、胡錦濤国家主席と会談、エネルギー、電力、交通インフラなどの分野での協力拡大で一致、両国関係を全面的な戦略的パートナーシップへと押し上げることで合意した。

ミッソン・ダム計画の中止

ここまでは、タン・シュエ時代以来のミャンマー・中国関係を考えれば、完全に予想されたことだった。しかし、タン・シュエの引退が噂される中、八月、テイン・セイン大統領が議会で国民和解、経済成長のために全力を挙げると宣言、それ以降、予想されないことが始まった。

その最大の事件が、九月三〇日、中国の支援を受けて建設中の総工費三六億ドルのミッソン・ダム計画の中止を、テイン・セイン大統領が命令したことである。このダムは北部カチン州のイラワジ川（エーヤワディー川）流域で建設中の巨大ダムで、中国のエネルギー大手、中国電力投資集団（China Power Investment）のプロジェクトだった。環境保護グループによれば、同ダムの建設によってシンガポールと同じ面積の地域が水没し、一万人が移住を余儀なくされると言われていた。大統領の決定は明らかに、カチン人との「国民和解」を中国との経済協力に優先することを意味するものだった。大統領はこの決定を事前に中国に知らせていなかった。

一〇月四日、中国電力投資集団の陸啓洲《りくけいしゅう》社長はこの決定に「驚愕《きょうがく》した」と語り、一〇月一〇日にはワナ・マウン・ルウィン外相が大統領特使として中国を訪問し、習近平国家副主席らと会談した。席上、習近平は「友好的な協議を通じて適切な解決方法を探し求めていくことを希望している」と述べ、外相は「テイン・セイン大統領とミャンマー政府は両国の友好協力関係をとても重要視している」と応じた。

対米・対日関係の改善

しかし、この頃までには、ミャンマーは、タン・シュエ時代以上に外交カードを手に入れつつあった。対米・対日関係の改善である。

米国政府は、八月にミャンマー担当特別代表を任命、九月一五日には、クリントン米国務長官が、ミャンマー政府とアウン・サン・スー・チーの対話を歓迎し、「真の改革と国民和解、人権尊重につながる具体的行動」を求める、と述べた。ついで九月二九日にはワナ・マウン・ルウィン外相がワシントンを訪問して、カート・キャンベル米国務次官補（東アジア・太平洋担当)、デレク・ミッチェル米政府ミャンマー担当特別代表・政策調整官らと会談、一一月四日には、マイケル・ポズナー米国務次官補(民主主義・人権・労働担当)が「変革は始まっている」と、ミャンマーの政治経済改革を評価した。

さらに一一月一八日には、東アジア首脳会議出席のためバリを訪問したオバマ大統領がテイン・セイン大統領と会談、クリントン国務長官を一二月、ミャンマーに派遣する方針を明らかにするとともに、ミャンマー政府による政治犯釈放、アウン・サン・スー・チーとの対話開始、議会における政治改革の取り組みなどを評価し、「さらなる民主化の取り組みが続けば、米国との新たな関係を築くことができる」と、制裁解除の可能性を示唆した。

クリントン国務長官は一二月一日にミャンマーを訪問、現在、臨時代理大使レヴェルの交換にとどまっている両国関係を大使レヴェルに戻し、関係正常化をめざす考えを明らかにした。クリントン長官はまた、「(テイン・セイン大統領が)さらに幅広く改革に取り組むと約束した」ことに満足を表明するとともに、「大統領から(北朝鮮からの武器輸入を禁じた)国連決議を遵守するとの保証を得た」と述べた。しかし、米国の経済制裁措置の解除については「今後の(ミャンマー政府の)対応を慎重に検討していく」として、現時点では時期尚早と述べた。

日本政府もミャンマー政府の動きに迅速に対応した。日本政府は一〇月、ワナ・マウン・

ルウィン外相を日本に招待し、玄葉光一郎外相はそれまで中断していた水力発電所の補修工事への政府開発援助の供与を再開する旨、方針を伝達した。ついで、玄葉外相は、一二月にミャンマーを訪問して、テイン・セイン大統領と会談、経済協力を通じた民主化支援の方針を明らかにするとともに、ワナ・マウン・ルウィン外相と投資協定締結に向け交渉に入ることで合意した。これを受けて、二〇一二年四月にはテイン・セイン大統領が、ミャンマー元首としては一九八四年以来、二八年ぶりに来日し、野田佳彦首相との会談で一九八七年以来凍結されていた円借款の再開が合意された。

テイン・セイン大統領はまた、二〇一一年一〇月一四日には、インドを訪問して、インドのマンモハン・シン首相と会談した。この会談では、両首脳は、ミャンマーを縦断するカラダン川を輸送路として整備し、インドとの交易路とする「カラダン輸送路事業」の推進加速で合意した。カラダン輸送路は、インド東部のコルカタから海路、ベンガル湾を経由してミャンマー西部のシトウェ港を結び、そこからカラダン川を北上してインド北東部の国境地帯までをつなごうというもので、その一部はすでに着工済み、二〇一四年までの整備をめざしている。両首脳はまた、インド国営企業によるミャンマー沖の石油・天然ガス開発事業の推進にも合意した。

国際環境の改善がもたらすもの

こうしてみれば、二〇一一年一一月のASEAN首脳会議、東アジア首脳会議が、ミャンマーの国際社会「復帰」の舞台となったこともよくわかるだろう。一一月一五日に開催されたASEAN外相会議は、二〇一四年のミャンマーのASEAN議長国就任を全会一致で承認した。また一一月二〇日、テイン・セイン大統領はASEAN首脳会議をはじめとする一連の首脳会議に出席し、オバマ大統領とも会談した。

しかし、これは、ミャンマーが日米、あるいはインドに傾斜しつつあるということではないし、まして中国を牽制しようとしているわけでもない。実際、ミャンマー政府は東アジア首脳会議の直後の一一月二八日、ミン・アウン・フライン国軍最高司令官を中国に派遣し、かれは習近平国家副主席（党中央軍事委員会副主席）と会談して、両国軍の交流強化が両国の戦略的協力関係の進展につながるとの認識で一致、習近平は「中国は今後もミャンマー人民の生活改善を支持する」と経済支援を強化する考えを示唆した。

ミャンマーは、中国にとって、エネルギー調達（ガス、石油、水力発電）においても、昆明からインド洋に抜ける地政学的観点からも、戦略的にきわめて重要な位置を占める。その一方、中国が「経済協力」の名の下、ミャンマーで実施している事業には、ミッソン・ダム以外にも、少数民族に犠牲を強いる水力発電開発事業が少なくないし、チャウピューから昆明に至る石油・ガスパイプラインも、ミャンマー国内では、国民にとってなんの利益にもならないという批判がある。したがって、中国としては、ミャンマーにおけるまさに国家的事業を継続するためには、習近平の述べた通り、「ミャンマー人民の生活改善を支持する」経済協力を同時に実施するほかない。そのコストは、ミャンマー政府が国際的に受け入れられれば受け入れられるほど、高くなる。

しかし、これは、ミャンマーが中国と距離をとり、日米印と連携するということではない。ミャンマーにとって重要なことは、国民和解の実現と経済成長の達成のために、少しでもその国際環境を改善することである。それが結局のところ、米欧の経済制裁解除、外国からの直接投資の拡大、ミャンマー経済の東アジア／世界経済への統合、経済成長、貧困削減と雇用創出、国民の生活水準の向上、そして、政治の安定をもたらす。

まとめ

これまで述べてきたことをまとめれば、およそ次のように言えるだろう。

タイは、中国の台頭を歓迎する。中国の台頭はタイにとっては経済的機会の拡大であり、GMS（大メコン圏）開発における中国の経済協力はタイのハブ化戦略に直接、資するからである。その一方、タイは米国の同盟国であり、中国との間に領土紛争はなく、バンコクを中心とするメガ・リージョンは東アジアの生産ネットワークのハブとなっており、中国台頭のリスクを、安全保障においても、経済においても、ほとんど懸念する必要はない。

インドネシアは、中国の台頭について、タイと比較すれば、はるかに慎重な姿勢をとる。それにはいくつかの理由がある。その一つは、インドネシアの地場産業が、国内市場でも、欧米の市場でも、中国企業に負けているからであり、また、中国がいくら「ウィン・ウィン」と言っても、GMS開発における中国の経済協力がタイのハブ化戦略に資するようなかたちで、中国の経済協力がインドネシアの経済発展戦略に貢献するものではないからである。もう一つは、中国の台頭がもたらす安全保障上の懸念である。中国の南シナ海における領有権の主張、そして中国の海軍力の強化は、インドネシアの海域の実効的支配を脅かす。インドネシアが日米と連携し、「最低限の防衛能力」の整備に資源を投入しているのはそのためである。さらに、中国の台頭は、インドネシアのビジネスにおいて、プリブミと華人の対立を国際化する可能性をもつ。それが、特にプリブミのビジネス・エリートの間で、日本への期待を生む。

ヴェトナムは中国と国境を接する。南シナ海では領土問題を抱える。中国台頭のたびに侵略された歴史をもち、一九七〇年代末にも「懲罰」されかけたことがある。したがって、ヴェトナムにとっては、中国と「正しい」関係を維持する一方、その規模と力の非対称性を「管理」することがきわめて重要となる。そのためには、ヴェトナムとして、自助努力の上で、使えるものはすべて「てこ」として使うしかない。安全保障において、ロシア、米国、インドと連携し、ASEAN・プラスの場で南シナ海の領有権問題を国際化する。戦略的インフラ整備において日本と連携する。これらはすべて、中国との非対称性を管理するための「てこ」である。

ミャンマーにとって、長い間、その最大の脅威は米国だった。しかし、米国主導の経済制裁はほとんど効果がなかった。社会は貧しいものの、人々はみんな、それなりに食べており、その結果、政治もそれなりに安定していたからである。そうした政治的条件下、ミャンマーは、その地政学的位置と資源をフルに使って、中国、タイ、インドと「経済協力」を推進し、中国からできるだけ「取る」とともに、中国に一方的に依存するのを避けてきた。

しかし、二〇一一年の民政移管以来、テイン・セイン大統領は、タン・シュエSPDC議長とは違うかたちで国策の課題を設定した。きわめて内向きに、国民を敵として、軍事独裁体制を維持するのではなく、国民和解と経済成長によって、体制の安定をはかろうとした。これが一連の政治経済改革措置をもたらし、また日米との関係改善をもたらした。しかし、これは、ミャンマーが中国依存から日米連携に舵《かじ》を切ったとか、日米を使って中国を牽制しようとしているとかということではない。ミャンマーにとって重要なことは、その資源と地政学的地位を使って、国民和解、経済成長達成のために、できるだけ多くの援助と直接投資を手に入れることである。

こうしてみれば、中国の台頭にともない、東南アジアの国々が次々と中国になびく、といった情勢にないことは明らかだろう。どの国も、国内体制の維持が最大の課題である。そのためには、いかなる国にもあまりに依存することのないよう、使えるものはなんでも使って、行動の自由をなんとか守り、できることなら少しでも拡大しようとする。

しかし、使える「てこ」は、その国の占める地政学・地経学的位置によって大いに違うし、国内政治的条件によっても違う。東アジア／米国主導の地域的な安全保障システムにおいて、どのような位置を占めているか、東アジア／世界経済、特に地域的な生産ネットワークにどれほど統合されているか、経済成長が政治の目的としてどれほど広範な国民的合意となっているか、どのような経済成長戦略をとっているか、そもそもそういう戦略があるかどうか、東南アジアの国々の行動を理解する上で、こういう要因が重要であるのはそのためである。

さて、それでは日本は、中国の台頭する中、どのような行動をとっているのか。

日本と東南アジアの国々の行動には、一つ、きわめて重要な違いがある。東南アジアの国々には、インドネシア、タイ、ヴェトナム等のミドル・パワーの国々をふくめ、東アジアの地域システム（米国を中心とするハブとスポークの安全保障システム、そして中国、中国以外のアジア、米国の間の三角貿易の通商システム）をみずからの政治的意思で変更する力はない。これらの国にとっては、地域システムを与件として、そこで使えるものを使って、中国の台頭に対応し、その規模と力における非対称性を管理するしかない。

日本は違う。日本には東アジアの地域システムを変える力がある。二〇〇九年の政権交代のあと、鳩山由紀夫首相が日米中のトライアングルを正三角形に、と提唱して、米国とその同盟国、パートナー国の間で懸念を生んだのはそのためである。

中国の台頭、さらにはインド、ASEAN諸国の経済発展によって、東アジアにおける富と力の分布はこれから大きく変わり、それにともない、東アジアの地域秩序も変わらざるをえない。そこで、地域の安定と繁栄を維持する鍵は、地域秩序の将来についての予測可能性を少しでも高めることである。

日米同盟は米国中心の地域的な安全保障システムの基軸をなしている。また、日本は、中国と中国以外の日本を含むアジアと米国からなる三角貿易のシステムに深く統合されている。日本が地域秩序の将来の予測可能性を高めるために最低限なすべきことは、日米同盟を維持し、地域的、世界的に経済的相互依存を深化させ、東アジア／アジア太平洋を枠組みとする地域的なルール作りを推進することである。日本はすでに、こういう戦略に深くコミットしている。その意味で、軽挙妄動しないこと、それがもっとも望まれる。

第三章　中国の経済協力

中国の台頭とともに、中国の市場が成長し、中国と近隣諸国の貿易が増え、中国からますます多くのヒト、モノ、カネ、企業が、国境を越えて周辺の国々に溢れ出している。これは東アジアをさまざまのかたちで変えつつある。

たとえば、近年、中国から東南アジアに移民した「新華僑《しんかきょう》」は、二〇〇九年現在、ミャンマーで一五〇万人、ラオスで三〇万人、ヴェトナムで一〇万人、カンボジアで約一〇〇万人に達するという。これら「新華僑」は、広西チワン族自治区、雲南省から陸路、国境を越えて到来した人々で、その中には中華人民共和国のパスポートをもった漢族以外の少数民族の出身者も少なくなく、特にラオス、ヴェトナムの「新華僑」は、その圧倒的多数が中国の経済協力の一環として「契約労働者」の身分で到来した、中国語（標準語＝普通話《プートンホア》）を話す人々であるという。

あるいはまた、香港、広東省、福建省における中産階級の台頭はジャスミン米需要の拡大をもたらし、これがタイにおけるジャスミン米生産の増加と、香港を中心とする「にせ」ジャスミン米の流通を促した。

さらに、クアラルンプール、シンガポール、マニラなど、東南アジアの大都市では、中国の台頭につれて、ますます多くの華人がその子弟に中国語（普通話）を学ばせ、その結果、閩南語《びんなん》（福建語。福建省南部の「方言」で、大陸では閩南語と呼び、東南アジアでは福建語という）、広東語、潮州語など、伝統的に東南アジアの華僑・華人の言語であった「地方語」は、華人のビジネス言語としても、マージナルなものとなりつつある。シンガポールでは、米欧に留学した中国人が、ビジネス界、大学、研究機関等に急速に進出しつつある。またバンコクでは、近年、中国からの観光客が急増し、近い将来、パッポン、タニヤーの欧米人、日本人向け歓楽街と並んで、中国人向けの歓楽街ができるかもしれない。

こうしてみれば、中国からヒト、モノ、カネ、企業、その他が国境を越えて溢れ出し、それが中国周辺の国々の政治、経済、社会、文化にさまざまのかたちで影響を及ぼす、そういった中国台頭のトランスナショナルな効果がきわめて多方面にわたることは明らかだろう。

したがって、本章では、これを考える一つの材料として、中国の経済協力を取り上げる。

その理由はきわめて明確である。

かつて一九七〇年代初頭、日本企業の東南アジア進出に際して、各地で反発があった。タイでは、日貨排斥のボイコットが組織され、これが一九七三年の学生革命につながった。また、インドネシアでは、一九七四年、田中角栄首相のインドネシア訪問に際し、ジャカルタで大規模な反日暴動がおこった。

しかし、こうした反日の気運は、一九七〇年代末までには消え去った。それは一つには、「心と心」の対話を訴えた一九七七年の福田ドクトリンとトヨタ財団の「隣人を知ろう」プログラムに象徴されるように、日本が官民あげて、これに対応したからであるが、もう一つの理由は、一九七〇年代初頭、日本企業の進出で負けつつあった地場の企業が、一九七〇年代後半までには消滅するか、日本企業と連携するかし、日本企業の進出で生まれた雇用と相俟って、タイ、インドネシア等における国益定義のパラメータを変えてしまったからである。あるいは、もう少し平たく言えば、たとえば、かつて政治的にそれなりに力のあったインドネシア、西ジャワのバンドゥン周辺の繊維産業が日本企業の進出で崩壊してしまえば、インドネシア政府としては、地場産業の保護は政治的課題ではなくなる。そして日本企業の投資によって雇用が増えれば、日本企業の誘致はインドネシアの利益となるということである。

中国の経済協力にもそういう可能性がある。これが現実のものとなれば、東南アジアの国々の対外政策を決定する国内政治経済的条件そのものが変わってしまうだろう。しかも、それはそれほど遠い先のことではないかもしれない。たとえば、中国開発銀行と中国輸出入銀行の発展途上国向け融資総額は二〇〇九―一〇年に一一〇〇億ドルに達し、これは、二〇〇八年半ばから二〇一〇年半ばの時期の世界銀行の発展途上国向け融資総額（一〇〇三億ドル）を凌駕するものだった。

では、中国はいま、東南アジアでどのような経済協力を行っているのか。それはどのような効果をもちそうか。

対外政策手段としての経済協力

経済協力は近年、中国の対外政策のもっとも重要な手段の一つとなっている。それを示す事例はいくらでもある。

たとえば、中国は二〇一一年一月、ASEAN一〇ヵ国の外相らを昆明に招き、インフラ整備等の経済協力を約束した。二〇一〇年七月のARFでASEANが南シナ海の領有権問題の国際化を試み、また同年一〇月の東アジア首脳会議（EAS）で、その枠組みをASEAN・プラス6（日本、中国、韓国、インド、オーストラリア、ニュージーランド）から、これに米国、ロシアを加えたASEAN・プラス8に拡大したことに対する「失地回復」のためだった。

中国はこの会合で、GMS（大メコン圏）における道路・鉄道網について、インフラ整備の「根幹部分はすべて負担する」と約束した。中国はすでに、四四〇〇万ドルの建設費をタイと折半して、メコン川に「第四友好橋」を建設している。また中国は、昆明からタイ、ミャンマー、ヴェトナムに至る鉄道の建設を計画している。これがすべて実現すれば、中国と大陸部東南アジアを結ぶヒト、モノ、カネの流れは格段に拡大する。タイはともかく、ヴェトナムがそういう計画を無条件に歓迎するかどうか、大いに疑問である。しかし、それでも、これが中国の東南アジア諸国「慰撫」の方法である。

もう一つの事例は、二〇一〇年一二月の温家宝首相のインド、パキスタン訪問である。温家宝首相はインドでシン首相と会談、中印の貿易額を二〇一五年までに一〇〇〇億ドル（約八兆三九一〇億円）に拡大することで合意した。また経済協力強化に向けた「戦略経済対話」の創設でも合意した。首相訪印には中国財界から約四〇〇人が同行し、オバマ米大統領訪印時の約一〇〇億ドルを上回る約一六〇億ドル（約一兆三四〇〇億円）の商談がまとまった。

パキスタンでは、温家宝首相とギラニ首相が二〇一二年までに、両国の貿易額を一五〇億ドル（約一兆二五〇〇億円）に拡大すると目標を定め、同時に、原子力発電所の建設など、エネルギー分野をふくむ協力関係の強化で合意した。パキスタン政府によれば、「中国政府はパキスタンのすべてのエネルギー関連プロジェクトに資金供給すると約束し」、約二〇〇億ドル(約一兆六八〇〇億円)の商談が成立した。商談の規模は、温首相の訪印に際してまとまった約一六〇億ドルを上回り、これが中国のパキスタン重視を裏づけた。

では、こうした経済協力には、どのような効果があるのか。それを考える上でまず注意すべきは、この二〇年、中国の経済協力の性格が大きく変わったことである。

かつて中国の援助は、軍事援助、経済援助、いずれにおいても、外交の手段として、党と政府の政治的リーダーシップの下、戦略的、機動的に実施された。しかし、一九七八年の改革・開放政策への転換とともに、中国の対外援助政策も大きく変更された。また中国の援助政策は、OECD(経済協力開発機構)のDAC(開発援助委員会)加盟国の援助とは違って、互恵性が強調され、事実上、自国の貿易と投資を促進する手段となっている。これは一九九五年の対外援助改革で明らかとなった。一九九五年をピークとして、中国の援助受入額が激減し、中国は、市場と資源の獲得を目的とした企業の海外(特に資源国への)経済進出の手段として援助を位置づけ、貿易、投資と一体となった「三位一体型」の援助を模索するようになったためである。また、その一年前の一九九四年には、その実施を担う機関として中国輸出入銀行が設立され、新たな援助供与方式として優遇借款が導入された。

この体制では、政府の各担当部門は、対外援助予算の範囲内で、それぞれに援助政策を決定し、その実施を、さまざまの供与方式（スキーム）によって、実施主体たる国営企業等に発注する。各実施主体は、その特性に応じて、受注した事業を被援助国において実施する。援助体制の中心は商務部に設置された対外援助司で、ここが援助政策全般に責任をもち、援助政策の立案と実施監督を担当する。商務部は、貿易と対外経済協力、外国投資を管轄し、それらに関する政策策定に加え、対外援助業務も担当する。

優遇借款は、中国政府が発展途上国に供与する中長期・低利の有償資金協力スキームで、一九九五年の対外援助改革の目玉として導入された。このスキームの下で実施される事業は中国国営企業等によって実施されるタイド（ひも付き）援助で、中国企業の海外進出を目的としたものであるが、運用上、被援助国の企業との合弁事業も支援対象とされ、そうした合弁事業に出資する中国企業支援のための仕組みとして、一九九八年には「対外援助合弁協力事業基金」が創設された。

中国は、第一〇次五ヵ年計画（二〇〇一—〇五年）で、「発展」を最上位の国家目標に据え、資源獲得と「対外進出（走出去）」をその手段として位置づけた。こうした対外経済進出戦略と資源戦略のリンケージは、第一一次五ヵ年計画（二〇〇六—一〇年）では、「経済安全保障」の確保としてますます明らかとなった。これを踏まえ、小林誉明（「中国の援助政策」）は、中国の貿易、投資、援助「三位一体型」経済協力について、次のように述べる。

近年急増しているアフリカを中心とした資源国への援助に着目した場合、優遇借款をはじめとした中国政府からの資金サポートによって競争力をつけた中国企業が、中国から大量の労働者（対外労務協力）、プラント（対外請負契約）、技術（対外設計コンサルティング）、資本（対外直接投資）、物資（対外貿易）、等を送り込むことによって、援助受入国の資源等の開発を行うという仕組が確立されてきている。市場取引としての労働者、プラント、技術、資本、物資等の輸出に対する対価やリターンは中国企業や労働者に支払われ、最終的には中国本国に納税されるとともに、開発された天然資源は中国企業によって輸入される。政府間の援助によって発生した債務が、開発された資源によって返済されるケースもあり、援助、投資、貿易等を通じて投入された全ての利益が中国に還元されるメカニズムになっているといえよう。

この貿易・投資・援助「三位一体型」モデルの下、一九九〇年代後半以降、中国の経済協力では、政府低利借款、政府の合弁企業支援（両国企業の合弁を両国政府が支援）、政府無償援助と民間資金が組み合わされ、民間資金の導入が進むとともに、企業が低利借款を利用し、国境を越えた投資の一環として「経済協力」を行うようになった。

この結果、中国の経済協力は現在では、かつてのようにすべてが党と中央政府のリーダーシップの下に戦略的に行われるわけではなくなった。雲南省の昆明からミャンマーを縦断してベンガル湾に抜ける石油・ガスパイプラインと高速鉄道の建設など、きわめて戦略性の高いプロジェクトに党国家中枢が関与していることは疑いない。しかし、経済協力の全般的方針は党と中央政府が決めているにしても、個別案件、特に戦略的重要性のそれほど高くないものについては、その「仕込み」に時間と手間がかかることを考えても、国営企業がイニシアティヴをとり、国営銀行、中央・地方の党幹部、政府高官を巻き込み、さらに国境を越えて相手国の政治家、政商と結託して、プロジェクトを動かしていると考えた方がよい。

その結果、いまでは、北京の商務部、中国輸出入銀行等にとどまらず、雲南省、広東省等の地方の企業家が、党・政府の幹部と組み、国境を越えて、インフラ投資、不動産投資などを行うことも少なくない。つまり、中国の経済協力は集権的に見えるものの、その内実はすでにきわめて分権化しており、中央でも省レヴェルでも、中央・地方の企業と党・政府幹部がさまざまに結託し、投資活動を行う構造が生まれている。

ミャンマーの事例

中国の対ミャンマー経済協力は、二〇〇一―〇六年に年平均二億―四億ドル、二〇〇七―〇九年にかけては年平均四億―八億ドルに達した。ＯＥＣＤ・ＤＡＣ加盟国の対ミャンマー経済援助総額は二〇〇一―〇六年平均で一億ドル、二〇〇七―〇九年平均で三・六億ドルであるから、中国の対ミャンマー経済協力は、OECD・DAC加盟国のそれと比較して、規模において突出している。

一方、中国の対ミャンマー直接投資の累計額も、二〇一〇年七月末の六四億ドルから、二〇一一年一月末には九六億ドルに増加し、タイ（九五億ドル）を抜いて第一位となった（『日本経済新聞』二〇一一年四月一一日）。チャウピューから昆明に至る石油・ガスパイプライン敷設本格化のためであろう。

ただし、二〇〇五―〇六年には、水力発電事業案件へのタイからの投資が一年で六〇億ドルに達し、一九八九―二〇〇六年の対ミャンマー直接投資累計額一三八億ドル中、タイからの直接投資累計額が七四億ドルとなったことがある。したがって、近年の対ミャンマー直接投資については、経済協力ほどには、中国が突出しているとは言えない。外国からの投資は、石油、ガス、水力発電等のエネルギー分野を中心とし、タイと中国が突出しているというのが妥当なところであろう。

中国の対ミャンマー経済協力について、工藤年博（「中緬《ちゅうめん》経済関係の現状と課題」）は、(1)エネルギー調達／安全保障、(2)インド洋へのアクセス、(3)国境貿易と国境地域の安定、この三つが中国のねらいであると言う。

ここで中国・ミャンマーの国境貿易というのは、上ビルマのマンダレーから、ミャンマー側国境の町ムセ、隣接する中国側の町の瑞麗を経由して、雲南省の昆明に達する、かつての「援蔣《えんしょう》ルート」等の陸路を通じた貿易である。中国とミャンマーの国境貿易は一九八八年に合法化され、その後、両国間で「国境貿易協定」が締結されて、国境貿易拠点が五カ所、設置された。また一九九八年には、ムセ国境貿易の輸出入手続きがワンストップ・サーヴィスとして一本化された。道路等のインフラの整備とこうした制度整備によって国境貿易は大いに拡大し、中国の通関統計によれば、二〇〇七年度の対ミャンマー輸出額一七億ドル、同輸入額四億ドルのうち、その半分は国境貿易が占めると言う。

また、エネルギー安全保障、インド洋へのアクセスに関わる主要案件としては、先にも見た通り、ラカイン州における石油・天然ガス開発、天然ガスの長期購入契約、総事業費二〇億ドルを超えるチャウピューから昆明までの石油・ガスパイプライン建設計画、さらにチャウピューからマンダレー、ムセ経由、昆明に至る鉄道建設、道路建設、チャウピューの港湾施設整備等がある。

一方、中国のエネルギー調達としては、中国国境に近い大陸部東南アジアにおける水力発電開発事業が注目に値する。たとえば、『日本経済新聞』（二〇一一年四月三日）はその事情をおよそ以下のように伝える。

中国は、中国南部におけるエネルギー調達の一環として、今後一五年間に、ミャンマー、ラオス、カンボジアで、四兆円を投資し、合計三二〇〇万キロワットの水力発電所を建設、中国向けに電力を購入する計画であるという。このための事業はすでに始まっており、たとえば、中国国有発電大手の中国電力投資集団は、ミャンマー北部で、三〇〇億ドルを投じて、世界最大の水力発電所である中国の三峡ダムに匹敵する発電能力二〇〇〇万キロワットの大型ダム建設に着手した。また中国国境に近いタンルウィン川では、中国の国有送電会社、中国南方電網が中心となって九〇億ドルを投資して、七一〇万キロワットの水力発電所を建設する計画である。さらに、中国は、ラオスでも約二億ドルを投じて、年内稼働を目指して発電能力一〇万キロワットの水力発電所を建設中である。カンボジアでは、国有発電大手、中国国電集団が六〇億ドルを投資して発電能力二七〇万キロワットのダムを建設中であり、中国華電集団も二〇一四年までに六億ドルを投じて発電能力三三万キロワットの発電所を建設する計画である。なお、ミャンマー、ラオスにおける水力発電所事業においては、中国はタイと連携し、発電所建設にはタイ企業も参加し、タイへの電力供給、タイ企業の発電事業への参加等が見込まれている。

なお、付言しておけば、ここに言及される中国電力投資集団の発電能力二〇〇〇万キロワットの大型ダムとは、二〇一一年九月末、ミャンマー政府が建設中止を決定したミッソン・ダムのことである。また、中国がミャンマーで二〇一〇年七月現在、実施中の水力発電開発、

地図4　中国の経済協力による水力発電・石油ガス・鉱山開発、パイプライン建設

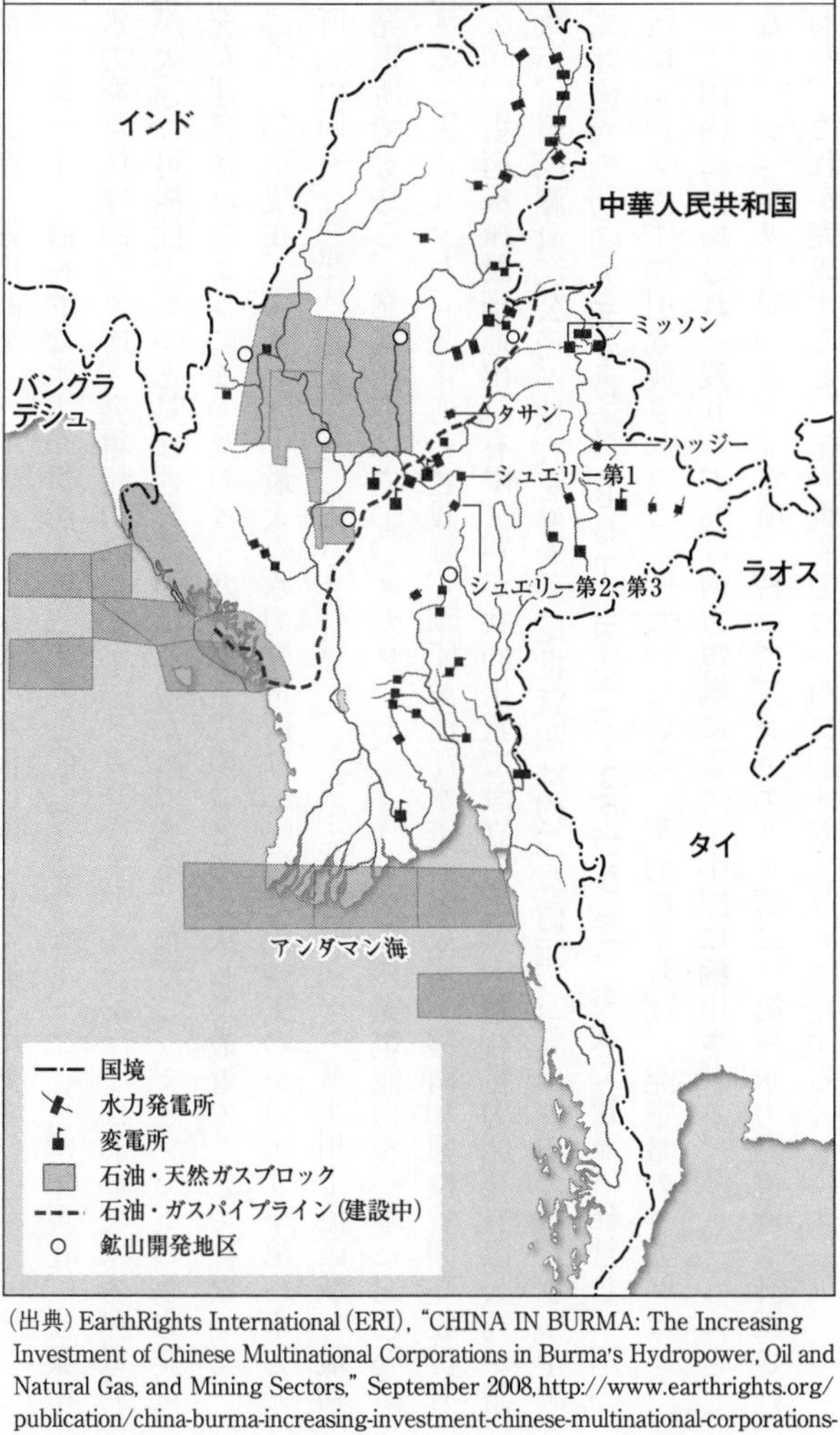

（出典）EarthRights International（ERI），“CHINA IN BURMA: The Increasing Investment of Chinese Multinational Corporations in Burma's Hydropower, Oil and Natural Gas, and Mining Sectors,” September 2008, http://www.earthrights.org/publication/china-burma-increasing-investment-chinese-multinational-corporations-burmas-hydropower-o

石油ガス開発、鉱山開発、パイプライン建設の状況は図に見る通りである。

ミャンマーの潜在的な水力発電能力は三万九〇〇〇メガワット、二〇一〇年現在、操業中の水力発電所は四〇ヵ所、発電能力は二五〇〇メガワット、ミャンマーにおいて水力発電開発が大きな可能性をもつと見なされるのはこのためである。ただし、ミャンマーの水力発電開発が注目されるようになったのは一九九〇年代のことで、決して最近のことではない。

二〇一〇年現在、ミャンマー最大の水力発電所は二〇〇九年竣工のシュエリー第一水力発電所（中国名「瑞麗江一級電站」）で、これはミャンマー北部のシュエリー川上流区域で最初の発電所でもある。発電能力は六〇〇メガワット、ミャンマーの発電能力を一挙に三〇％拡大することになった。発電所の建設は、華能瀾滄江水電有限公司、雲南和興投資開発股份有限公司、雲南機械設備進出口有限公司が共同出資で設立した雲南聯合電力開発有限公司が請け負い、華能瀾滄江公司が株式を保有、総投資額は約三二億元（三八四億円）で、うち中国は二九億六〇〇〇万元を投資、BOT（Build Operate Transfer）方式で建設、経営し、四〇年後にミャンマーに引き渡されることになっている。契約によれば、発電量の一五％はミャンマー国内に供給され、残り八五％は南方電網によって中国に輸出される。

なお、シュエリー第一水力発電所に続いて、シュエリー第二、第三水力発電所も計画されており、これが完成すると、総発電能力は一四二〇メガワットに達する。

一方、二〇一〇年現在、計画・建設中の水力発電案件は六八件、うち六三件に少なくとも四五の中国企業が関与していると言われる。その大規模なものを挙げると、メカ川、マリ川、イラワジ川流域では、中国企業だけで七案件、合計発電能力一万三三六〇メガワットに達する事業が計画されており、二〇〇七年、中国電力投資集団公司がミャンマー政府と覚書を交換している。

またサルウィン川流域では、七案件が計画・建設中であり、二〇〇六年には、中国水電建設集団公司（Sinohydro）が総事業費一〇億ドル、発電能力一二〇〇メガワットのハッジー・ダム建設に関し、ミャンマー政府と覚書を締結し、二〇〇七年には中国葛洲壩集団公司（CGGC）が発電能力七一〇〇メガワットのタサン・ダムの建設に着工している。

ただし、サルウィン川流域の水力発電開発は、中国、タイ、ミャンマーの経済協力事業となっている。たとえば、ハッジー水力発電所事業は、二〇〇五年、タイ電力公社（EGAT）がミャンマー政府と覚書を交換して共同開発に合意したもので、本来、タイ電力公社が一〇億ドルを投資し、発電量の六〇%をタイに輸出する計画だった。中国水電建設集団公司は、二〇〇六年、タイ電力公社との合意によって、この事業への出資を決め、結局、出資はタイ五〇%、中国四〇%、ミャンマー一〇%となった。また、タサン・ダムは、本来、タイのエネルギー企業MDXグループが計画、二〇〇六年にミャンマー政府と覚書を締結したもので、総事業費六〇億ドル規模、発電量の八五%をタイに輸出する計画であり、ここに中国葛洲壩集団公司が参加した。

こうしてみれば、ミャンマーの国境地域において、水力発電開発が経済協力事業として実施されることで、結局のところ、なにがおこっているのか、もう明らかだろう。

ミャンマーの水力発電開発によって生まれた電力は、国境を越えて中国の雲南省とタイに供給される。また規模ははるかに小さいけれども、同じことがバングラデシュとの間にも計画されている。その結果、中国の国営企業と中国の党・政府の幹部、ミャンマー政府高官、軍人、タイの企業、政府高官、こうした人々が国境を越えて結託する。この政治経済的同盟を基礎として、中国の経済が中国・ミャンマー国境を越えて南に、またタイの経済がタイ・ミャンマー国境を越えて西に浸透する。

ラオスの事例

中国は対ラオスの経済協力においても突出している。

原洋之介ほか(原洋之介、山田紀彦、スックニラン・ケオラ「中国との関係を模索するラオス」)によれば、ラオスにおける中国企業の投資(認可ベース)は、一九九〇—二〇〇六年に、一二部門・二三六プロジェクト、総額八・七七億ドルに達した。またラオス計画・投資省によれば、二〇〇六・〇七年度には二二カ国から一九一の投資案件があり、その総額は九・七一億ドル、そのうち中国企業の一〇〇%出資による投資は四・九六億ドルに達した。さらに、産業部門別で見ると、経済成長を牽引する鉱業部門への投資は、二〇〇六年八月時点で事業件数一四〇のうち四六件が中国企業の事業となっている。

では、中国企業はどのような投資戦略をとっているのか。それには、中国の有償資金協力によって建設されたラオス北部のセメント工場の事例が参考になる。この事例では、中国は、セメント工場の建設と技術協力、セメント袋生産工場の建設、石灰採掘事業を一つのパッケージとして支援した。そのスキームはおよそ以下のようなものだった。

まず、ラオス政府は、この三プロジェクトの事業費一億七七一五万元（二一・三億円）のうち、一億三一二二万元を中国から有償資金協力として、また残りは中国の民間銀行から借り入れた。次に、ラオス政府は、この四〇%をラオスの国営企業（農業開発輸出入公社、DAI）に、六〇%を雲南国際経済技術国有公司（YIETC）に融資した。つまり、別言すれば、中国政府はツー・ステップ・ローンのスキームを利用して、低利資金を中国とラオスの国営企業に供与し、ビジネスと援助をパッケージとして中国企業のラオス進出を支援したと言ってよい。

同じような事例は「ヴィエンチャン新都市開発事業」にも見られる。ラオス政府は二〇〇九年の第二五回東南アジア競技会の開催のために、総合競技場の建設を計画した。そのスキームは、ラオス政府が土地を提供し、一方、事業費は中国開発銀行が融資し、総合競技場の建設は雲南建工集団総公司が請け負う、というものだった。

このスキームについては、二〇〇六年八月、ブアソーン首相と中国開発銀行総裁の会談で合意が成立し、同年一一月、胡錦濤国家主席のラオス訪問の際、中国とラオスの経済協力事業として、総合競技場建設をふくむ包括的開発事業について合意がなされた。これが「新都市開発事業」である。

その計画によれば、新都市は中国の蘇州工業園区をモデルとして、居住区、商業区、サーヴィス区等から構成されることになった。この合意にともない、ラオス政府は一六四〇ヘクタール（一〇〇〇ヘクタールが新都市開発、六四〇ヘクタールが貯水池等の水域）の土地の開発権をラオス・中国合弁企業（中国側は蘇州工業園区開発有限公司、雲南建工集団総公司等の三企業で出資比率九五％、ラオス側は国営土地開発・管理会社で出資比率五％）に与えた。運営期間は五〇年（ただし、七五年まで延長可能）、契約終了後、すべてはラオス政府に引き渡されることとされた。

では、なぜ、総合競技場の建設と新都市開発がセットになったのか。きわめて明白である。新競技場の建設について、ラオス政府は土地を提供するだけで、あとは中国開発銀行が建設資金を融資し、中国企業が建設を請け負う。しかし、競技場が利益を生む可能性はほとんどない。したがって、ラオス政府としては、競技場建設資金の融資返済のため、同企業を中心とする合弁企業に新都市の開発権を与え、これが新都市の運営・管理を請け負うことで資金を回収することとされた。合弁企業におけるラオス企業の出資比率は五％、総合競技場を別とすれば、これが「新都市開発」事業におけるラオスの取り分となる。このスキームによって、ラオス政府は土地収用、補償等にかかる費用を除き、競技場の建設と新都市開発において一切の資金負担を免れた。その一方、中国企業は、ヴィエンチャン郊外に大規模な不動産開発用地を取得した。

これがラオスで社会的反発を生んだ。ラオスには、中国の援助、中国企業の進出にともなって、おそらく三〇万人に達する中国人が流入している。中国人の労働者が建設現場周辺に家を建て、村を作って、不法に滞在するケースもある。こうした事情は、これからも続く。そうした中、「新都市開発」事業とは、五万人の中国人移民を受け入れるための「チャイナタウン」開発事業ではないかという論議がおこった。

この結果、二〇〇八年には国会で、不法外国人労働者、さらには外国人の増加の問題が取り上げられた。中国の援助、投資がこれからますます拡大し、中国人がさらに数万人単位で流入すれば、これがラオス国民の反発を招くことは必至である。実際、この問題について、ヴィエンチャンのラオス人の関心は高く、二〇〇八年、ソムサワート副首相は記者会見で「新都市開発」事業について説明し、これは「チャイナタウン」開発計画ではないと正式に否定した。また政府はその直後、ラオス郊外の予定地の事業規模を一六四〇ヘクタールから二〇〇ヘクタールに大幅に縮小することを発表した。党国家ラオスとしては異例の措置だった。

このように「新都市開発」事業計画のスキームは、ラオスで大きな反発を生んだ。しかし、このスキームは、中国では「融資平台（プラットフォーム）」として、都市開発の標準的スキームとなっている。花木出（「中国の経済と政治について」）は、これを次のように説明する。

融資平台とは、本来、地方政府がほぼ全額出資して作る都市開発投資会社のことである。具体的には、「〇〇城投公司」等の名称で、都市における市街地開発プロジェクト、インフラ・プロジェクト、さらには学校、病院、市役所等の公共施設の整備も行う。融資平台のほとんどは二〇〇〇年以降に設立され、現在では中国全土で八〇〇〇を超える。

中国では土地は公有である。したがって、農地の住宅・商業・工業用地等への転用は国家（地方政府）の独占事業であり、その利益率はきわめて高い。一九九四年の「分税制」の導入によって、それまで地方政府の収入となっていた「増値税」（中国で、⑴物品の販売、⑵加工、修理、補修役務の提供、⑶物品の輸入を行う場合に適用される税）は七五％が国庫に納入されることになった。そこで地方政府は自主財源として都市開発に目を付けた。地方政府が土地収用によって予算外収入をあげる。これを都市開発に投資し、そこからの営業税がまた地方政府の財源となる。そこで鍵となったのが融資平台である。

地方政府はここに土地開発利益を資本金として注入する。融資平台は、その上で、地域の銀行からの融資で事業規模を何倍にも拡大し、都市開発事業を実施する。地方政府はその債務を保証し、あるいは融資に際して土地の使用権を担保に提供することも少なくない。融資は土地担保主義で行われ、したがって、プロジェクト自体の採算性は審査されず、また開発によって担保評価額が上がれば、融資枠はさらに拡大する。こうして実施されたプロジェクトに対する融資の返済は、インフラ事業についてはその収益が回されるほか、一部の公共用地を融資平台が商業用地に転換して売却、その資金によって返済されることもある。

こうしてみれば、ヴィエンチャン「新都市開発」事業が、この融資平台スキームの応用だったことは明らかだろう。ここにおいても、ミャンマーにおける水力発電開発事業と同様、中国の企業、党・国家の幹部とラオスの党・国家の幹部の、国境を越えた同盟が基本にある。つまり、中国企業は、中央、地方の党と政府の幹部の支援を受け、ミャンマーでは政府、国軍の要人、ラオスでは党と政府の要人と結託して、事業を展開している。そこで、決定的なことは、ミャンマーとラオスが東アジア／世界経済にまだ十分に統合されておらず、中国企業（そしてタイ企業）以外の外国企業があまり進出していないこと、さらにミャンマーでは国軍を屋台骨とする事実上の軍事政権、ラオスでは人民革命党の党国家体制が安定的に国権を掌握し、中国の「国家資本主義」のビジネスモデルが、エリートの結託によって、比較的容易に、これらの国々に移植できることである。

その結果、これらの国々では、政治経済の「中国化」とも言うべき現象がおこりつつあり、それほど遠くない将来、ミャンマー、ラオスの国益とはなにかを定義するパラメータそのものが、国境を越えたエリートの結託によって変わってしまうかもしれない。

なお、誤解のないよう確認しておけば、こうした「国家資本主義」のビジネスモデルの基本には、政治エリートとビジネスエリートの結託があり、結託が癒着に、癒着が腐敗につながることはほとんど不可避と思われる。

しかし、そこで重要なことは、こうした結託がどれほど腐敗をもたらすかではなく、どれほど安定しているかにある。ミャンマーとラオスでは、その政治経済的条件のために、モデルは比較的安定的に移植されうる。しかし、インドネシア、フィリピン、タイのように東アジア／世界経済にもっと統合された国々、民主制が政治的な規範としてすでに受け入れられ、政治エリートの循環が制度的に定着しているところでは、その事情は大いに異なる。

インドネシアの事例

その格好の事例が中国とインドネシアの経済協力事業である。先にも見たように、胡錦濤国家主席は二〇〇五年四月にインドネシアを訪問し、ユドヨノ大統領と会談して、戦略的提携協定を締結した。二〇〇六年四月には、ユスフ・カラ副大統領が中国を訪問して経済協力協定を締結、二〇〇九年七月のインドネシアの大統領選挙までに、発電能力一万メガワット分の石炭火力発電所を建設するという石炭火力発電所建設加速計画、いわゆる「クラッシュ・プログラム」の推進で中国と合意した。

しかし、このプログラムは、二〇〇九年末になっても、所期の火力発電所の建設が終了せず、うまく行かなかった。問題はもちろん、なぜうまく行かなかったか、である。

クラッシュ・プログラムは二〇〇五年、ユドヨノ大統領、ユスフ・カラ副大統領のチームが政権を掌握した直後に始まった。当時、インドネシア、特にジャワでは、経済成長にともない、数年内に深刻な電力不足がおこる、と予想された。これに対応するため、ジャワで一万メガワットの発電能力を増強する、それがユスフ・カラ副大統領の提唱したクラッシュ・プログラムだった。

ユスフ・カラは、このプログラム推進のため、中国企業と提携することを決めた。それにはいくつか理由があった。その一つは、かれによれば、中国製の発電機器が、日米欧の機器と比較して、三割程度安価だったからである。もう一つは、二〇〇六年四月、ユスフ・カラの訪中に際してインドネシアが中国と締結した協定によれば、中国国営銀行が石炭火力発電所の建設事業費を融資する、またその際、中国国営銀行はインドネシア政府の債務保証を必要としない、ということにあった。つまり、簡単に言えば、プロジェクト資金はすべて中国が供与する、中国はインドネシア政府に債務保証は求めない、その代わり、火力発電所の建設は中国の企業が請け負う、それが基本的な取り引きだった。

インドネシア電力庁は、これを受けて、石炭火力発電所の入札を行った。日米欧の重電企業は入札に参加せず、入札は実質的に中国企業の独占となった。この結果、通常であれば、ファイナンスをともなう入札のはずが、クラッシュ・プログラムではプラント施行（EPC）契約を先行させ、ファイナンスは積み残された。それが問題を引き起こした。

中国の国営銀行は、クラッシュ・プログラムのファイナンス・スキームの交渉が始まると、インドネシア政府に債務保証を要求し、結局、インドネシア政府は、ユスフ・カラ副大統領の指示で、政府保証を与えることに決定した。二〇〇八年五月、中国銀行と中国輸出入銀行がコンソーシアム・リーダーとして融資協定に調印、中国出口信用保険公司（Sinosure）が信用保険を供与した。なお、外国銀行の中には、ABNアムロ銀行のように、中国出口信用保険公司の信用保険供与の条件に合わず、クラッシュ・プログラム融資案件から撤退を余儀なくされた銀行もあった。

こうしてみれば、インドネシア政府にとって、中国との協力がきわめて不本意なものとなったこともよく理解できるだろう。クラッシュ・プログラムのファイナンスは、インドネシア政府の債務保証なしで、中国によって供与されるはずだった。電力庁はそれを前提に火力発電所の入札を行った。ところが、工事発注のあとになって、インドネシア政府は、中国の銀行と、長期の時間をかけて、ファイナンスの交渉をするはめになった。

しかも、その交渉結果は大いに期待に反するものだった。インドネシア政府が債務を全面的に保証し、ファイナンスの条件も、二〇〇六年のユスフ・カラ副大統領の訪中時に期待されたOECD・DAC加盟国の供与する三―三・五%の低利融資とは違って一〇%超となり、結局、二〇〇九年、大統領に再選されたユドヨノは、クラッシュ・プログラムのファイナンスの問題について、中国との再交渉と国内からの資金調達、そのいずれかの選択を余儀なくされた。またその性格上、正確なところはわからないけれども、入札時、中国勢が談合し、ユスフ・カラによれば日米欧企業と比較して事業費が三〇%程度安かったはずの中国企業が、工事入札後、時間の経過とともにプラント価格が高騰したとの理由で、三〇%程度の値上げを要求したとも言われる。

インドネシア電力庁は、クラッシュ・プログラムの一環として、ジャワ・システムだけで合計九案件、二〇発電所、発電能力七一四五メガワット、総事業費五九億ドルのプログラムを実施した。そのうち、二案件は中国輸出入銀行、六案件は中国銀行、一案件はマレーシアの銀行がコンソーシアム・リーダーとして融資を引き受けた。またプラントの供給もふくめ、発電所の建設はすべて中国企業が請け負い、中国機械進出口総公司（CMC）、中国技術進出口公司（CNTIC）、中国機械設備進出口総公司（CMEC）、中国華電集団公司（CHD）、中国機械工業集団公司（Sinomach）、中国成達工程公司（Chengda）、浙江省電力建設有限公司（ZEPC）等が参加した。

なお、中国輸出入銀行は一九九四年、中国出口信用保険公司は二〇〇一年の設立で、まだ歴史が浅い。本プロジェクトの内情に詳しいビジネスマンによれば、中国の銀行がインドネシア政府の期待に反したファイナンス条件しか提供できなかった大きな理由は、中国の制度金融の未成熟と未経験のため、スタッフにノウハウがなく、リスクを高く見積もりすぎて、高いプレミアムとなったためだろう、と言う。

二〇〇八年現在のジャワ・バリ・グリッドの既設電力容量は二万三〇〇〇メガワット、クラッシュ・プログラムで建設された発電能力は七〇〇〇メガワットで、既設電力容量の三分の一近い大規模なものだった。かりに、インドネシア政府が発電所建設に最初から債務保証を付けていれば、また中国企業が要求したように、入札後、プラント価格の高騰を理由に契約締結後の値上げが受け入れられるのであれば、日米欧の重電企業もおそらく入札に参加していたであろう。

インドネシアの重電機市場は一九八〇年代以降、日本企業が六―七割以上のシェアを占め、中国製品はまったく採用されなかった。二〇〇六年以降、クラッシュ・プログラムを突破口として中国勢が一気に進出した。その一つの理由は、先に見たように、どこまで計算していたかは別として、中国の政府と銀行と企業が、国際的な事業慣行を無視して、「あとだしジャンケン」のような行動をとったからであり、もう一つは、それにもかかわらず、ユスフ・カラ副大統領が中国勢と同盟し、インドネシア政府内でこれを強く推したからである。

しかし、こういう「あとだしジャンケン」は一回しかうまく行かない。日米欧の政府と企業は、次の機会には、もっと透明度の高いプロセスを要求するだろうし、インドネシア政府内でも、これに関与した人たちの間では、だまされた、という気持ちが強いからである。インドネシアのクラッシュ・プログラムでは、中国企業の談合が噂され、ユスフ・カラ副大統領がきわめて重要な役割を果たしたにもかかわらず、これがスキャンダルに発展することはなかった。しかし、ときには中国の経済協力は大きなスキャンダルとなる。

その一つの事例がフィリピンのZTEスキャンダルである。その中心には中興通訊（Zhong Xing Telecommunication Equipment）とグロリア・マカパガル・アロヨ大統領の夫、マイク・

アロヨがいる。

そのおよその経緯は、以下のようなものである。二〇〇七年四月、フィリピン政府は事業費三・三億ドルで、中興通訊とナショナル・ブロードバンド・ネットワーク構築の契約を締結した。その二カ月後、フィリピンのメディアは、この取り引きにフィリピン選挙委員会委員長のベンジャミン・アバロスが関与したこと、ホセ・デ・ヴェネシア・ジュニア（前下院議長）の息子でアムステルダム・ホールディング大株主のホセ・デ・ヴェネシア三世が、大統領の夫、マイク・アロヨの警告を受けて入札を辞退したこと、を暴露した。

その後、この取り引きに関与したコンサルタントで、華人系フィリピン人のロドルフォ・ジュン・ロサダが正体不明の男たちによって拉致され、ロサダの妻が夫を殺さないようメディアで訴え、大ニュースとなった。おそらくそのおかげだろう、ロサダは「消される」ことなく釈放され、中興通訊の「事業費」三・三億ドルの中には、アロヨ大統領夫妻への相当額の「手数料」が含まれていることをメディアで暴露した。

このスキャンダルで注目すべきは、フィリピンの政府調達で、大統領、その他の政府要人が多額の「手数料」を取っていることではない。そんなことはみんな知っている。注目すべきは、フィリピンのメディアでは、大統領のスキャンダルに焦点が合わされ、あまり報道されなかったけれども、ホセ・デ・ヴェネシア三世の企業（アムステルダム・ホールディング）

が胡錦濤の長子、胡海峰《こかいほう》の企業と連携していたことである。この案件では、胡海峰はデ・ヴェネシアと組んだため、契約を取れなかった。しかし、展開次第では、デ・ヴェネシアと胡海峰がスキャンダルの中心に浮かび上がることも十分ありえたのだった。

まとめ

中国の台頭とともに、中国から国境を越えて、その周辺の国々に、ヒト、モノ、カネ、企業、その他が溢れ出している。中国の経済協力はその一つの例である。

中国の経済協力は、ミャンマー、ラオスのように、その経済が東アジア/世界経済に十分、統合されておらず、また権威主義体制下、国境を越えた政治エリート、ビジネスエリートの安定的な同盟が維持されやすいところでは、中長期的に、国益とはなにかを決めるその判断基準そのものを変えてしまう可能性がある。

しかし、東アジア/世界経済に統合され、中国以外の多国籍企業が多年にわたって活動し、また民主制下、政治エリートの循環がもっとダイナミックにおこっているところでは、中国の「国家資本主義」モデルが安定的に移植され、中国との経済協力によって、国益定義のパラメータそのものが長期的に変わってしまうとはなかなか考えられない。

それはごく簡単な理由による。そういうところでは、中国以外の政府と企業が、その国の政府に対し、国際的な事業慣行にしたがって政府調達を行うことを要求するだろう。また民主制が定着し、政治エリートが選挙によって定期的に循環するところでは、国境を越えた政治とビジネスの同盟を長期にわたり安定的に維持することはきわめて難しい。

かつて米国と日本は、一九五〇―六〇年代末以降、タイ、インドネシア、マレーシア、フィリピン等において、経済協力その他の政策手段を総動員して、自分たちが安定的かつ効果的に活動し、力を行使できる「環境（milieu）」を作ろうとした。中国はいまそれと同じことをしている。しかし、すでに東アジア／世界経済に十分、統合されている国々では、インフラ整備、政府調達等において、国際的に広く受け入れられたルールと慣行がある。中国がそうしたルールと慣行を無視し、「あとだしジャンケン」で経済進出を試みることは、一回はうまく行くかもしれないが、長期的には中国に対する警戒を高めるだけである。

つまり、中国の経済協力のトランスナショナルな効果は、国によってずいぶん違う。中国の周辺、ミャンマー、ラオスにおいては、中国のヒトとモノとカネと企業は、ときにはタイの政府、企業と連携しつつ、事実上、この地域を「中国化」しつつある（ただし、ミャンマーについては、最近のミャンマー政府の「改革・開放」が成功し、ミャンマー経済が東アジア／世界経済に十分に統合されれば、これまでの「中国化」がかなりの程度、中和される可能性がある）。また、中国主導、あるいは中国とタイの協力によって、中国とインドシナ／GMSを結ぶ高速道路、高速鉄道、電力網、パイプライン等が建設されることにより、陸のアジアが北から南に、大陸部東南アジアを南下するかたちで勢力を張り出してくることは確実である。

しかし、それによって、大陸部東南アジア、さらには東南アジア全体が「中国化」されるとは考えられないし、そもそもその前に、「中国化」とはなにか、その意義はなにか、あらためて検討する必要がある。

第四章　歴史比較のために

中国の台頭は、これが史上初めてのことではもちろんない。歴史的に見れば、中国史の主たる舞台をかたちづくったのは、西南部の高原から東に流れる二つの大河、黄河と長江の流域である。中国の人口の多くはこの二つの大河の流域、そして広東の珠江《しゅこう》流域に集中している。

かりにこれらの流域をすべてその支配下においた国家を「中国」と呼ぶならば、この一〇〇〇年、中華民国の成立までに、フビライのたてたモンゴル帝国の元、朱元璋《しゅげんしょう》の明、そしてホンタイジの清がこの地域で興亡した。これらの国家はすべて、その盛期には、圧倒的な力をもって、この地域の「盟主」となった。

おそらくそのためだろう、近年の中国の台頭を議論するに際し、しばしば、かつて中国がその勃興に際し、なにをして、どのような「国際」秩序を作ったかが、ほとんど亡霊のように、どこかで意識され、また語られる。たとえば、思いつくままに挙げても、ロバート・カプランは、最近の中国のインド洋における行動についてこう述べる。「歴史的に見ると、中国は明代の武将鄭和《ていわ》の道筋をたどっています。その航路こそいまの石油の海上交通路です。中国は各国に港を造り、経済、軍事、政治面で直接援助しています」（船橋洋一『新世界国々の興亡』一四〇頁）。

念のために確認しておけば、最近の中国のインド洋における活動を理解するのに、鄭和の遠征を参照する必要はまったくない。しかし、カプランは鄭和に触れる。それが「亡霊」という意味である。

歴史の亡霊にはいろいろなものがある。かつて一九八〇年代半ばから一九九〇年代初め、日本が東アジアで圧倒的な存在となるかもしれないと思われたとき、歴史の亡霊として現れたのが「大東亜共栄圏パート２」だった。

近年、中国の台頭にともなって、よく登場する亡霊は、これとの比較で言えば、朝貢システムだろう。あとでも紹介する通り、中国の台頭にともなう東アジアの変容を朝貢システムの観点から論じる研究者は、中国でもその外でも少なくないし、世界システム論の研究者の中には、朝貢システムを概念的に拡張し、その上に東アジアの秩序を構想しようとする試みもある。こういう亡霊はお祓《はら》いするしかない。

そのためには、かつてといまを、システマティックに比較することである。それが本章の趣旨である。しかしその前に、まずは元、明、清の勃興に際し、中国の周辺でなにがおこったか、見ておく必要がある。

大元モンゴルの時代

モンゴルの勃興と高麗

テムジンがモンゴル高原の遊牧民をすべて統一して王位に登り、チンギス・ハーンを称したのは一二〇六年のことである。その五年後の一二一一年、チンギス・ハーンは全軍を率いて金に侵入し、一二一五年には開封《かいほう》を占領して、内蒙《ないもう》草原と黄河以北の地をその支配下においた。

ついで一二三四年、チンギスの子、オゴディ・ハーン（在位一二二九—四一年）の治下、モンゴル軍は南宋《なんそう》軍と同盟して金を滅ぼし、さらにその翌年の一二三五年、オゴディは南宋、高麗《こうらい》の征服を決定した。

高麗はそれ以前からモンゴルの侵攻を受けていた。モンゴルが黄河以北の地を支配下におけば、その脇腹を脅かす位置にある高麗を押さえることが、モンゴルにとって地政学上、必須となったからである。一二一八年、モンゴルの軍勢は、高麗との共同作戦で、金の残党の契丹《きったん》人の軍勢の拠点となった江東城《こうとう》を陥れた。ついで一二三一年、モンゴルの軍勢は高麗に侵入し、首都開京《ケギョン》を包囲した。高麗は一二三二年、モンゴルの侵略を避けて、開京からほど近い江華島《カンファド》に遷都した。モンゴル軍の高麗侵入は、三一年、三二年、三五—三九年、四七—四八年、五三年、五四—五九年の六波に及び、高麗全土は蹂躙《じゅうりん》された。一二五四年には、捕虜とされた者二一万人、殺戮《さつりく》された者無数、モンゴル軍の通過した州都はみな灰燼《かいじん》に帰したと言われる。

一二五八年、高麗でクーデタがおこり、高麗はモンゴルに投降した。モンゴルの第四代のモンケ・ハーン（在位一二五一—五九年）は高麗東北部に双城《そうじょう》総督府を置き、その周辺を自国領土に編入した。

モンケは一二五九年に死去し、翌一二六〇年、フビライ・ハーン（在位一二六〇—九四年）が即位した。高麗では、長く太子としてモンゴルの人質となっていた元宗が一二五九年に国王となり、親モンゴル政策をとった。このとき争点となったのが「出陸」、つまり、首都を開京に戻すかどうか、という問題だった。出陸は高麗がモンゴルに完全に屈服することを意味した。武臣たちはこれに強く抵抗した。一二七〇年、武臣の首長が出陸派の文臣によって殺され、元宗は出陸に反対する三別抄《サムビョルチョ》(高麗の軍事組織)の廃止を決めた。三別抄は、自分たちこそ正統の高麗王朝と主張し、珍島《チンド》に首都を定めた。一二七一年、三別抄の軍勢はモンゴル・高麗軍に敗北し、珍島も陥落して、済州島《チェジュド》に逃れた。しかし、一二七三年には済州島も陥落し、反乱は終焉した。

雲南、ヴェトナム、ビルマ

モンケは一二五一年に即位すると、次弟のフビライに南モンゴルと華北の統治の全権を委ね、一二五二年にはフビライに雲南の征服を命じた。これを受けて、フビライの軍勢は一二五三年、甘粛省から四川省の西部を南下し、大渡河《だいとが》から金沙江《きんさこう》を経て大理《だいり》城を占領した。フビライはウリャーンハダイを雲南にとどめ、一二五四年に凱旋《がいせん》した。これ以降、ウリャーンハダイは雲南各地を平定し、一二五七年にはヴェトナムにも侵入して大越《ダイヴェト》の首都、大羅《ダイラ》を攻略した。大越は翌一二五八年、モンケに朝貢した。

一二六〇年、第五代ハーンに即位したフビライは、翌一二六一年、南宋に宣戦を布告した。モンゴルの高麗、雲南、ヴェトナム侵攻、さらに日本に対する行動は、南宋を包囲し孤立させるためだった。一二六八年、モンゴル軍は樊城《はんじょう》を囲んだ。襄陽《じょうよう》・樊城の攻防は四年にわたり、この地を守る南宋軍は一二七三年に至ってモンゴル軍に降伏した。

バヤンを総大将とする二〇万の大軍は襄陽から漢水《かんすい》に沿って南下し、一二七四年に鄂州《がくしゅう》をとり、長江を下って、一二七六年に臨安《りんあん》（杭州《こうしゅう》）を占領、一二七九年、南宋を滅ぼした。モンゴルは南宋の艦隊を接収し、造船技術、航海技術、その他、海洋に関する知識・伝統を継承した。

先に見たように、モンゴルは南宋攻略に先立って雲南を攻め、大理を征服した。この結果、モンゴル帝国はパガン朝のビルマと国境を接することになった。国号を大元モンゴルウルスとしたフビライは、ビルマに入貢と臣従を求める使者を送った。パガンの王は一二七一年、最初の使者の到来時にはこれを拒絶し、一二七三年に到来した使者は処刑した。

元は一二七七年に雲南からビルマを攻めた。パガン軍は潰走し、元の軍勢はこれを追うことなく雲南に凱旋した。元は一二八三年にもパガンに侵攻し、ビルマ北部のバモーを攻撃した。パガンの王は戦うことなく首都パガンを放棄した。

その後、パガン朝は内紛に陥った。一二八七年、元の軍勢はふたたびパガンを攻略し、傀儡《かいらい》政権をたてた。ついで一二九六年にはパガンの王が長子を入朝させた。元は特許状を授け、緬国王《めんこくおう》の称号を与えた。しかし一二九九年、パガン朝の実権を握るシャン人の勢力が王と長子を殺害し、新王を立てた。元はこれを認めず、一三〇〇年、ふたたび軍勢をパガンに送った。しかし、このときには、パガンの軍勢が元軍を撃退した。元は一三〇三年には征緬省を廃止した。一方、パガンではシャン人勢力に内紛がおこり、ビルマは長期にわたる分裂の時代に入っていった。

日本征討の失敗

モンゴルは南宋に対する軍事作戦に先立ち、日本にも接触した。フビライは一二六六年、高麗に日本との交渉を命令し、高麗使は一二六八年、蒙古国書と高麗国王の牒状《ちょうじょう》をもって太《だ》宰府《ざいふ》に到来した。しかし、朝廷は返牒を送らないことを決定した。高麗使は一二六九年にもモンゴルと高麗の牒状をもって太宰府に到来した。朝廷は通交拒否の返牒を送ることにし、太宰府守護所牒を起草して幕府に諮問した。しかし、幕府は一二六八年の例にしたがい、返牒しないことを決定した。ついで一二七一年には、モンゴルからの使者が到来した。幕府は返牒せず、先例を楯に、武力による対応へ、その策を限定した。

三年後の一二七四年一〇月、元・高麗の軍勢、合わせて三万数千が対馬《つしま》に姿を現し、一〇月二〇日、博多湾岸に上陸を開始した。しかし、元軍は翌二一日には撤退した。この当時、北九州から朝鮮半島への船旅は、南風の晴れた昼でなければ危険だった。そのため、船はときに天気待ちに一ヵ月を費やすこともあった。撤退を強行した元軍は、その帰途、嵐に遭遇し、多くの船が沈没して、一万三五〇〇人余を失った。

翌一二七五年、元はふたたび使者を派遣した。しかし、元使は鎌倉で斬首に処せられた。元使は一二七九年にも到来した。この使者は博多で斬首に処せられた。

その二年後の一二八一年、元は第二次日本征討を試みた。派遣軍の規模は第一次征討時と比較してはるかに大きかった。一二七九年に滅びた南宋の降兵を大量に投入したためである。兵力は、高麗を基地とするモンゴル人、漢人（金朝人）、高麗人の東路軍四万人、九〇〇艘の船と、寧波《ニンポー》を基地とする江南軍一〇万人、三五〇〇艘の船からなった。東路軍は一二八一年五月に出発、七月に江南軍と合流して、九州本土への上陸を試みた。しかし、元軍の上陸作戦はことごとく失敗し、七月三〇日、台風が襲来し、元の軍船は多くが沈没あるいは損壊するなど大損害を被った。

江南軍司令官范文虎《はんぶんこ》をはじめとする将軍たちは、兵卒十余万を見捨てて逃亡した。日本の軍勢は鷹島《たかしま》にあった元の軍勢十余万を殲滅し、軍船を焼き払い、二、三万の元兵を捕虜とした。この戦いで元の海軍戦力の三分の二以上が失われた。

海のアジアにおける「海上進攻」

海のアジアにおける交易の発展は、南宋の時代に始まった。しかし、南宋の時代には、国家がみずから航海を組織して海外交易に打って出ることはなかった。元はムスリム商業勢力を味方に組み込んだ。南宋の時代、泉州において貿易商として財を成し、一二七六年、南宋から元に寝返って、元の水軍勢力を強化した「アラブ系ムスリム商人」蒲寿庚《ほじゅこう》はその代表である。

フビライの行ったヴェトナム、チャンパ、ジャワへの「海上進攻」は、すべて蒲寿庚に代表されるムスリム海洋商人の提供した艦隊と資材と物資と知識によるものだった。杉山正明（『クビライの挑戦』）は、こうした「海上進攻」の意義は軍事的というより商業的なもので、通商ルートとその拠点となる港の確保を旨とし、艦隊も武装した商船隊に近いもので、これら諸国の軍事的な征服ではなく、海域の制圧を目的としたと言う。しかし、その意図がいかなるものであったにせよ、軍事力によって海のアジアのヘゲモニーを掌握しようという試みは、日本征討における同様、まさに海そのものが大きな障碍《しょうがい》となって失敗に終わった。

元は一二八二年、チャンパの都を落とした。しかし、一二八三年には、元の派遣した水軍が暴風で壊滅した。ヴェトナム（大越）はこれを見てチャンパに援軍を送り、一二八四年と一二八七年の二度、かえって元に攻められ、ハノイを失った。しかし、一二八八年には、大越の軍勢が元軍に反撃、元軍はハノイから撤退の途中、決定的な敗北を喫した。

元は一二九二年にはジャワ遠征を試みた。杉山は、この遠征軍は実際にはムスリム商人主導の貿易船団だったと言う。確かに、元の派遣した軍勢は一万五〇〇〇、日本征討の際よりはるかに小さかった。しかし、この武装商船団も結局、ジャワで内乱に巻き込まれ、撤退を余儀なくされた。

南宋征服後に元が試みた海のアジアにおける軍事侵攻はすべて失敗した。しかし、ムスリム海洋商人は海のアジアの一大勢力であり続けた。フビライの治世の末年、元が武力侵攻から平和通商へ政策を転換すると、海のアジアの国々は、かつてモンゴルの侵攻を退けた国々もふくめ、元に入貢し、通商が拡大した。元と国交をもつ国々はスリランカからインド西海岸まで広がり、元は「陸の帝国」とともに、「海の帝国」においてもその頂点に立つことになった。

大明の時代

朱元璋の海禁政策

元の時代、大運河は江南から大都《だいと》(北京)に至る動脈として十分な機能を果たせなかった。このため元は、東シナ海の海上勢力に物資輸送の船団を編成させ、一二八二年に初めて江南の穀物を海路、首都に輸送させた。長江下流から黄海沿岸を航行し、山東半島を回って渤海《ぼっかい》に入るルートである。ついで元は、一二八九年には大運河での漕運を断念し、海運に一本化した。この決定が結局、中国における元の死命を制することになった。一三五一年、元の強行した黄河治水事業をきっかけとして反乱がおこった。紅巾《こうきん》の乱である。大運河地域は乱の中心となった。一方、張士誠《ちょうしせい》と方国珍《ほうこくちん》の勢力は、この頃までに、江南の富と海運を支配し、元ともちつもたれつの関係となっていた。この結果、元から見れば、大運河は紅巾軍に分断され、海路は張士誠と方国珍の勢力に掌握されて、元が支配したのはモンゴル高原につながる大都周辺の華北平野と雲南のみとなった。

こうした中、白蓮教《びゃくれんきょう》の勢力から頭角を現した朱元璋が張士誠を滅ぼし、元を駆逐した。モンゴルにとって江南からの物資の供給を喪失したあと、中国の支配に未練はなかった。元は統一王朝として初めて、地名ではなく理念によって国号を定めた。朱元璋（太祖《たいそ》・洪《こう》武帝《ぶてい》）はこれを踏襲して、その王朝を大明と定め、礼による統治を唱導した。

朱元璋は江南地域の復興と長江下流域デルタの海からの切り離しを試みた。海上貿易で富を蓄えた人々を内陸に移住させて、沿海地域から切り離し、海外との交易を民間人に委ねるのではなく、帝国が直接管理しようとした。それが「海禁」政策の趣旨だった。

明の台頭と海禁政策は一四―一五世紀、東南アジアに大きな影響を及ぼした。大陸部東南アジアでは、領域国家の支配が定着した。一方、島嶼部東南アジアでは、海上貿易の興隆とともに商業ネットワークのハブとなった港市国家が勃興し、そうした港市では「華人」のディアスポラが生まれた。

東南アジア華人研究の泰斗ワン・ガンウー（Wang Gungwu）によれば、海禁政策によって海上貿易が朝貢使節に限定される一方、中国人の海外渡航が禁止されたために、この地域で二つのタイプの商人コミュニティが成立したという。その一つはジャワ北海岸のコミュニティで、それまで広州にいた「中国化」されたムスリム商人が移り住んだ。もう一つは広州人・福建人商人のコミュニティで、かれらはたとえばパレンバンに元の時代から居留し、海禁政策によって広州、福建に戻れなくなった人々だった。

朝貢システム

明は一三六八年の建国後まもなく、国境を接する高麗と安南《あんなん》に朝貢を呼びかけた。また、一三六九年には日本、チャンパ、ジャワなど、一三七〇年にはアユタヤ、カンボジア、マラッカ、ブルネイにも使節を派遣し、朝貢を促した。さらに一三七二年には琉球《りゅうきゅう》に使節を派遣した。これらの国々は、日本を別として、明の呼びかけに応じて朝貢使節を派遣し、明との間に朝貢関係を樹立した。明の朝貢政策は、中華を統一した王朝として、礼の秩序を世界に拡《ひろ》げようというイデオロギーに支えられていた。中華の徳を慕って朝貢してきた各地の政権の長に、王侯君長などの爵位を与え、その身分的序列を確定するものだった。

朝貢システムは、中華を占めた政権に他の政権が服属するものではなく、中国の皇帝を頂点とする「天下」の秩序を共有し、外交関係を円滑に「管理する」制度だった。朝貢システムにおいては、その秩序内で、すべての政権の間に序列が形成された。貿易交渉、遭難者の送還等の実務的交渉も、この序列に基づき、礼にしたがって行われることとされたのである。

明の朝貢システムは民間の交易を禁止し、海外貿易を国家の管理下に置いた。したがって、このシステムの下においては、貿易は、朝貢使節の往来に付随して行われることになった。それぞれの国の朝貢使節は、指定された港に来貢することが義務づけられた。港には、使節への応対と交易を管理するため、市舶司《しはくし》という役所が置かれた。日本の使節に対しては寧波、琉球の使節に対しては泉州、東南アジアからの使節に対しては広東に市舶司が置かれ、朝貢受け入れの態勢を整えた。

高麗、安南は明と国境を接し、明の成立は政治的圧力となった。両国は明に朝貢した。しかし、そこから先、海のアジアの領域では事情は違った。

ヴェトナム北部、紅河《ホンハー》下流域デルタでは、官僚制と常備軍、そして儒学が支える「中国型」国家の建設を推進する勢力が統一の主導権を掌握した。これが安南の陳《チャン》朝だった。この勢力がヴェトナム南部を拠点に交易国家として繁栄していたチャンパに圧力を強めた。チャンパは明に朝貢することで陳を牽制しようとし、一三七三年に朝貢した際には、海賊を撃破して海船二〇艘を拿捕したと朱元璋に報告し、模範的な朝貢国を演じた。また、一四世紀半ばには、アユタヤ王国もその体制を整備し、ときには一年に数度、明に朝貢した。

明の威光に従わないところもあった。東ジャワを拠点とするマジャパヒトは明の介入を排除しようとした。一三七〇年、明はブルネイに使節を送って朝貢を促した。しかし、ブルネイの王はマジャパヒトの介入を怖れて、朝貢使節の派遣をなかなか承諾しなかった。またパレンバンに送られた明の使者は、マジャパヒトの勢力に殺された。

倭寇の出現

一方、朝貢体制から排除された海の民は海賊となった。上田信（『海と帝国』）によれば、『太祖実録』に「ときに方国珍および張士誠の残党は、多くの島嶼のあいだに隠れて、倭《わ》と結託して寇《こう》をなす」とあるという。

かつて元の大動脈となった黄海で、一四世紀半ば、それまで海運業に従事していた方国珍が元から独立したことは、海の民に対する国家の統制が揺らぎ始める契機となった。そこに新しい勢力が進出した。黄海東部では、海岸線に沿って朝鮮半島南部の穀倉地帯から高麗の首都に向けて穀物や布などを運ぶ海運が行われていた。この地域で、一四世紀半ばから、高麗の漕運船を掠奪し、陸に上がって住民を拉致する事件が多発するようになった。倭寇である。一三世紀の倭寇は、せいぜい二艘程度の船に数十人が乗り組む小規模なものだった。しかし、一四世紀半ば、倭寇の規模ははるかに大きいものとなり、一三八〇年に現れた倭寇は五〇〇艘の船と騎馬、歩兵を有し、高麗の正規軍を機動的に攻撃するようになっていた。また、一四世紀半ば以降は山東にも倭寇が現れ、一三七〇年になると山東半島から南下し、明州《めいしゅう》、台州《たいしゅう》、温州《うんしゅう》を襲い、ついに福建に至った。これに対し、明は一三七一年、海禁政策を採用し、方国珍の残党等、かつて海運に従事したものを軍に帰属させるとともに、「沿海の民の私に海に出るを禁ず」とした。

朝鮮半島では李成桂《イソンゲ》が武人勢力を結集して倭寇を撃破し、明と結んで朝鮮を建てた。この政権の下、この地域では倭寇は沈静化した。一方、中国では、倭寇は一六世紀半ばまで持続した。

市舶司の廃止と雲南遠征

明は建国の翌年、一三六九年に使節を日本に派遣し、明への朝貢を促すとともに、倭寇の取り締まりを求めた。一三七〇年、太宰府にあった南朝側の懐良《かねよし》親王は、これに応えて朝貢した。しかし、その二年後、明の使節が日本に到来したときには、懐良親王は足利の勢力に敗れ、太宰府から駆逐されていた。明の使節は京都に向かい、幕府と交渉、足利義満《あしかがよしみつ》が明に答礼の書を出した。

朱元璋は一三七四年、自分が最初に日本国王とした懐良親王を正当な交渉相手とし、足利を無視した。中書省は朝貢制度を実情に合わせて運用しようと、朱元璋に外国の情勢を逐次、報告しなかった。

明は朝貢使節の応接に多大の費用を負担する一方、使節がもたらした物産を買い取り、朝貢国が中国で絹織物、陶磁器などを買い付ける際の手配は役人が行った。このため、朝貢使節応接の費用は国が負担し、その利益は高官が手に入れることになった。朱元璋はこれが気に入らなかった。朱元璋は一三七四年、チャンパ、安南、ジャワなどに対して頻繁に使節を送る必要はないと通達し、市舶司も廃止してしまった。

その一方、朱元璋は一三八一年に雲南の征服に乗り出した。当時、雲南には、モンゴルの皇族の血を引くバサラワルミ（梁王《りょうおう》）が勢力を維持して、モンゴル高原の北元《ほくげん》と呼応しており、朱元璋は明建国以来、一年おきに使節を派遣して帰順することを求めたが、拒否されていた。雲南は華南の背後に位置する。その地政学的重要性は、南宋征服に先立ち、フビライの軍勢が雲南を押さえたことに見る通りである。朱元璋は雲南攻略に騎兵、歩兵、合わせて三〇万を動員し、一三八二年に昆明を占領した。しかし、それ以降、明の軍勢は相次ぐ反乱に苦しめられ、一三八四年の平定までに、明の主力部隊もふくめ延べ一五六万人が動員された。

永楽帝の即位と鄭和の南海遠征

朱元璋は一三九八年に死去し、孫の建文《けんぶん》帝が第二代皇帝に即位した。しかし、朱元璋の四男、燕王《えんおう》が反乱を起こし、一四〇二年、首都南京を占領して、建文帝から帝位を簒奪《さんだつ》した。永楽《えいらく》帝である。永楽帝は南京で即位し、北京に遷都し、積極的に明の勢力を拡大した。永楽帝は北元に遠征し、満洲《まんしゅう》で女真《じょしん》人を服属させた。明はまた一四〇六年には、陳朝の内乱に乗じて雲南と広西からヴェトナムを侵略し、一四二八年、黎利《レロイ》が明の勢力を国外へ放逐し、ハノイで皇帝に即位して大越を立てるまで、ヴェトナムをその支配下に置いた。

永楽帝は即位後まもなく、朝貢を促す使節を諸外国に派遣した。朱元璋が廃止した市舶司も一四〇三年に寧波、泉州、広州に復活させた。こうして永楽年間（一四〇三―二四年）には多くの使節が明に来訪し、琉球は泉州、日本は寧波、東南アジアの国々は広東に寄港することとなった。永楽帝には、かれが燕王だった時代からの側近がいた。これが永楽帝の内廷の根幹を形成し、市舶司にも内廷の宦官《かんがん》が任命された。内廷の財源確保がその一つの理由だった。対外政策も内廷が推進した。その中心が鄭和だった。

鄭和は一四〇五年以降、三〇年の間に七回、南シナ海からインド洋に遠征した。その勢力は、総勢二万七〇〇〇人以上の兵士、船員、水夫と、数百艘の船からなり、これをムスリムで宦官の鄭和が統率した。

「大明皇朝が天下を統一した」。これに応じて、海外の「蕃国《ばんこく》」が使者を送り、珍宝を捧げ、礼物を携え、通訳を通して来訪、朝貢してきた。皇帝陛下はその忠誠心を喜び、鄭和に命じて数万の官吏、軍官、兵卒を統率させ、百余艘の巨艦に乗り財宝を携帯させて、「蕃国」に下賜し、朝廷の恩徳を宣揚して教化し、遠方の人民を安んじようとした。上田信の指摘する通り、これが鄭和の墓碑に記された遠征の意義だった。

永楽帝の時代、海のアジアの国々は次々と朝貢使節を明に派遣し、朝貢システムは拡大した。外交の言語は中国語で、琉球の場合、王府の近くに「久米三十六姓」と呼ばれる地区があり、一五世紀から一九世紀にかけて、ここに居留した中国出身者とその子孫が航海、造船等の技術を継承するとともに、進貢に不可欠な外交文書の作成、通訳、商取引にあたり、琉球と中国、さらには東南アジアとの海外貿易を担う職能集団を構成した。かれらは、朝貢使節の派遣に際しては、琉球人の正使を補佐する副使となった。

一四世紀後半、東アジアでは多くの新政権が成立した。室町幕府、沖縄の尚氏《しょうし》政権、朝鮮の李朝、ヴェトナムの陳朝、アユタヤ、マラッカ、マジャパヒトなどである。マラッカは一四〇五年に朝貢し、パラメスワラはマラッカ国王に封ぜられた。鄭和は一四〇八年にマラッカを来訪した。永楽帝は、マラッカに圧力をかけないよう、アユタヤを諭し、マラッカはこの地域における明の拠点となった。明はマラッカを軸に、ジャワのマジャパヒトに対する連合を形成し、マラッカは永楽年間に一五回の朝貢使節を派遣した。

日本では足利義満が南北朝の混乱を終息させた。義満は明に使節を派遣し、一四〇二年には明の使節が来訪した。一四〇三年、義満は答礼の使節を派遣し、一四〇四年、永楽帝は日本に対して勘合《かんごう》を支給するとともに、倭寇の禁圧を求めた。こうして朝貢貿易が始まった。

足利義満の「日本国王」冊封《さくほう》は、日本の政権が「倭の五王」以降、九〇〇年続いた伝統的外交方針を変更した大事件であり、そこで生まれたのは、村井章介（『倭寇と「日本国王」』）の指摘する通り、東シナ海において倭寇を禁圧しうる者こそ「日本国王」であるという「国際的」共通認識だった。日本では「日本国王」は王権の地位表象とはならなかった。しかし、対外的には、これが日本を代表する通交名義として（一時）機能した。

海洋商人の活動

しかし、一六世紀前半には室町幕府の権威は失墜し、細川氏、大内氏はそれぞれ堺、博多の商人と結んで勘合貿易の船を派遣、一五二三年には寧波で衝突事件をおこした。寧波の乱である。これ以降、明は日本からの船を警戒して、朝貢にともなう交易を厳しく制限したため、交易は朝貢メカニズムの外で、民間の武装した海洋商人によって担われるようになった。

朝貢貿易の時代、明と東南アジアの密貿易の拠点は、一五世紀には福建省の月港《げっこう》にあった。しかし、一六世紀には、江南の外洋、舟山《しゅうざん》列島の双嶼《そうしょ》港が拠点となった。一五二四—二五年頃、ここにポルトガル人が到来し、一五四〇年代には、中国、ポルトガル、日本の商人がここに集まるようになったからである。

海洋商人は、江南を商域とした新安《しんあん》商人とポルトガル、日本の商人を媒介した。その中から頭角を現したのが王直《おうちょく》だった。王直は一五四〇年に福建の海洋商人グループに参加し、アユタヤ、マラッカ、中国の交易で活躍した。また一五四五年には日本に渡航し、博多商人と密接な関係を構築した。

一五四八年、明が双嶼港を破壊して以降、王直を中心とする海洋商人の勢力は五島列島と平戸に根拠地を置き、明に敵対した。これが大倭寇と言われる事態をもたらした。この時期の倭寇は、中国人も、王直をふくめて頭髪を剃《そ》り、髷《まげ》を結った。頭髪を剃ることは、明の定めた礼の秩序を否定することだった。

一五六七年、明は貿易政策を修正した。この年、華南からヴェトナム、マラッカに向かう西洋航路、台湾、フィリピンを経てブルネイ方面に向かう東洋航路について、明は朝貢をともなわない対外交易を認める決定を行ったのである。ただし、日本との交易は禁止した。

この交易は朝貢とは関係なく行われた。日本を除くどの国の船舶も中国に寄港することを許され、商船がもたらした貨物はすべて商品として扱われ、関税を銀で支払うことを条件に交易許可証を付与された。商品は自由に取り引きできた。これが朝貢貿易システムに代わる新しい互市《ごし》システムだった。互市システムは、それまで朝貢システムに付随していた交易活動を礼の秩序から切り離し、中国との交易を望む海外の勢力を満足させるとともに、倭寇のような勢力の経済的基盤を切り崩そうとするものだった。

このシステムから排除された日本の商人は、中国の海洋商人と、ヴェトナムのホイアン、アユタヤなどで出会い貿易を組織した。一方、一五八〇年以降、スペインのガレオン船がニュー・スペイン（メキシコ）から銀を積んでマニラに到来した。中国の海洋商人はマニラから月港に銀をもたらし、交換に絹製品と陶磁器をマニラに輸出した。

一六世紀末・一七世紀初頭の東アジア

豊臣秀吉の朝鮮侵略

豊臣秀吉《とよとみひでよし》は一五八五年に関白となり、一五八七年には二〇万の軍勢を率いて九州に侵攻し、島津義久《しまづよしひさ》をねじ伏せて、西日本全域をその支配下におさめた。ついで一五九〇年には関東に遠征し、小田原の役の勝利によって天下統一を実現した。

その翌年の一五九一年、秀吉は琉球国王に書簡を送り、朝鮮侵略の意図を明らかにするとともに、一五九二年にはマニラのスペイン総督に対して入貢を促した。

また一五八七年から三回にわたって、朝鮮に対し、日本に朝貢し中国侵攻の先導を務めるよう要求し、これを拒絶された。一五九二年、秀吉は北九州から一五万八〇〇〇の軍勢を朝鮮半島に派遣した。これを受けて、明も朝鮮支援の軍勢を派遣した。

この戦いは一進一退となり、両者の和平交渉は一五九三年に本格化した。秀吉は明降伏の報告を受け、一方、明は日本降伏の報告を受けた。結局、和平交渉では、日本の交渉担当者が「関白降表」という偽文書を作成し、明に対し、秀吉の和平条件は「勘合貿易の再開」のみとした。明は、日本を冊封することは認めるが勘合貿易（朝貢貿易）は認めないと決定し、日本国王の称号と金印を秀吉に授けるため使節を派遣した。

秀吉は一五九六年に来朝した明の冊封使を謁見したが、その使者を追い返し、朝鮮へ再度の出兵を決定した。一五九七年、秀吉は一四万の軍勢を派遣した。しかし、一五九八年に秀吉が死去すると、この軍勢は撤退した。一六〇〇年当時、日本の人口はおよそ一二〇〇万人、朝鮮侵略は日本にとって人口の一％相当を軍勢として動員した大戦争だった。秀吉の死によって日本国内の政治が確実に流動化することを考えれば、撤兵は当然の決定だった。

徳川幕府の外交政策

日本は朝鮮侵略によって、朝鮮、明で広く憎まれることになった。しかし、一七世紀初頭、満洲ではヌルハチがその勢力を拡大し、朝鮮は北からの脅威に備えるため、日本との講和を急ぐ必要があった。また日本では一六〇三年に徳川家康《とくがわいえやす》が征夷《せいい》大将軍となり、徳川幕府が成立した。朝鮮は一六〇七年、回答兼刷還使《かいとうけんさっかんし》を派遣し、これで日朝の講和がいちおう成立した。家康にとって、朝鮮との国交回復・貿易再開は、あくまで明との貿易再開の第一歩だった。しかし、朝鮮は明への仲介を拒否し、琉球を経由した明との貿易再開交渉もうまく行かなかった。さらに一六一〇年には、家康の命を受けて、本多正純《ほんだまさずみ》が明の福建道総督軍都察院都御《とぎょ》史《し》に貿易再開を求める書簡を送った。しかし、明はこれにも返事をしなかった。日本は一六二一年、中国との貿易再開を断念した。

日本では一六三五年、それまで平戸、博多等に来航していた中国商人の船を、これ以降はすべて幕府直轄の長崎に来航させる旨、決定した。これによって、幕府は事実上、日本における互市の場を長崎のみと決定した。また同年、日本人の海外渡航、外国居住の日本人の帰国を禁止した。さらに一六三九年には、ポルトガル人を日本から追放し、一六四一年にはオランダ人を出島に移した。これらはすべて、海外交易を国家管理下に置くための措置だった。この結果、中国産の生糸、絹織物の輸入は、主として中国商人によって担われることになった。そこから頭角を現したのが、中国の生糸を直接長崎に運び、生糸と銀の交易を独占した鄭芝龍《ていしりゅう》だった。

ところで、幕府は一六三五年に至るまで、国書の形式・体裁・用語などを正式に決めていなかった。そこでこの年、幕府は、徳川将軍の外交上の称号を「日本国大君」と定め、日本の年号を明記することとした。「日本国王」が中国を頂点とする国際秩序に組み込まれた称号であるのに対し、「日本国大君」はこれとは関係のない独自の称号だった。幕府は、この称号、さらには日本の年号を用いることによって、中国中心の華夷《かい》秩序を否定し、みずからの華夷秩序を作り上げた。幕府はこれにともない、「通信」つまり国交は朝鮮と琉球に限り、通商はオランダと中国に限るとの決定を行った。

大清の時代

清朝の成立と徳川幕府の対応

ヌルハチは一六世紀末に女真人を統一してマンジュ（満洲）国をたて、一六一六年にはハーンに即位して、国号を金とした。ヌルハチは一六一八年に明と国交を断絶し、一六一九年には明と朝鮮の軍勢を破り、一六二五年には瀋陽《しんよう》に遷都した。

ヌルハチは一六二六年に死去し、そのあとを継いだホンタイジは一六二七年に叛旗《はんき》を翻した朝鮮を屈服させ、一六三四年にモンゴルのリンダン・ハーンを破り、一六三六年、満洲族、モンゴル族、漢族の上に君臨する皇帝・ハーンとして大清を建てた。清は一六四四年に明を滅ぼした李自成《りじせい》を破り、一六八〇年代には中国を完全に制圧した。

清の成立とともに、朝鮮、琉球などは定期的に朝貢の使節を派遣し、また国王の即位に際しては、冊封使の派遣を清に求め、国王任命の儀式を行った。これは明代の方式を踏襲したものだった。しかし、藩属国の扱いには歴史的経緯によって違いがあった。朝鮮は清が北京に入る前に服属した。この事情を反映して、清が朝鮮に派遣する使節は、一九世紀前半まで、高位の旗人から選ばれた。一方、琉球には、旗人に限らず、科挙に合格して進士の資格を得た文人官僚が遣わされることも多かった。

徳川幕府は一六四四年、明滅亡の知らせを中国の商人から受け取った。幕府は満洲と蒙古（モンゴル）を同一視して韃靼《だったん》と呼び、元寇を想起して、清に敵意を抱いた。一六四五年には日本に軍事援助を求める書簡が明の遺臣から幕府に届いた。これ以降、幕府は、四〇年にわたって、明の遺臣に好意的で、清の商人に不利な待遇を与え、鄭成功《ていせいこう》など明の遺臣の支配下にある船に長崎貿易を許可した。その際、幕府が貿易の許可・拒否の基準としたのは弁髪《べんぱつ》だった。乗組員が弁髪をしているジャンクは北狄《ほくてき》船として追い返され、乗組員が明風の髪型をした船だけが許可された。ただし、幕府は一六二一年に九州の大名に武器輸出の禁止を命令し、一六四六年には明の遺臣への軍事援助も拒否した。

鄭芝龍、鄭成功

鄭芝龍は一六〇四年、泉州近くに生まれた。かれは閩南語（福建語）、南京官話、日本語、オランダ語、スペイン語、ポルトガル語を解し、一六二六年には福建沿岸地域で数百隻の船舶を支配下に置いて、一六二八年、福建巡撫《じゅんぶ》に任じられた。鄭芝龍は一隻当たり銀二〇〇〇両を徴収して海洋商人の通行を許し、また台湾にあったオランダ東インド会社への中国物産の供給を独占した。鄭芝龍は一六四六年、清に帰順したが、一六六一年、処刑された。

清は一六五六年に海禁令を強化し、朝貢以外の貿易を禁止した。また、沿海地域の商船が出航して、鄭芝龍の子、鄭成功の陣営に食料や貨物を売ることを禁止し、さらに康熙《こうき》帝が即位した一六六一年には、福建を中心に、広東から山東にかけて、海岸線から一五キロ以内の地帯の住民を内陸に移住させる政策を強行した。遷界令である。この結果、本土から切り離されて海上に孤立した鄭成功は、二万五〇〇〇の将兵を率いて台湾に移り、一六六二年、オランダ人の勢力を台湾から撤退させた。

鄭成功は遷界令によって中国では調達できなくなった生糸を、マニラ経由で入手しようとした。かれは一六六二年、イタリア人宣教師を特使としてルソンのスペイン総督に国書を出し、オランダ人は中国人を虐げ、商船を掠奪したので駆逐したと述べて、交易を順当に行うよう求めるとともに、さもなければオランダ人と同じ運命が待っていると脅した。スペイン人はこれを鄭成功の最後通牒と解して、マニラの中国人を多数、殺し、また追放した。鄭成功はマニラ派兵の途中で死去した。

その子、鄭経《ていけい》は、鄭成功の死後も清に抵抗した。かれはフィリピンのスペイン政府との関係を修復し、マニラに船を派遣して現地の中国商人から生糸を買い取り、長崎に転売した。しかし、劣勢を挽回《ばんかい》することはできず、鄭経が一六八一年に死去すると、その後継者をめぐる内紛のさなか、清の水師提督の施琅《しろう》に攻撃されて、鄭氏政権は一六八三年に崩壊した。

互市システム

清はまた、これに先立ち、一六八一年に遷界令を解除し、一六八四年には展界令を発布、朝貢をともなわない民間の海外貿易（互市）を許した。このときまでには、王直、鄭芝龍、鄭成功に代表されるような海洋商人の勢力は姿を消し、東アジアの海は清、徳川幕府等の支配下に置かれるところとなった。そのとき、アジアの海の交易システムの根幹を成したのが互市システムだった。これは、朝貢貿易システムにおいて交易が朝貢に付随したかたちで行われたのに対し、政治的な交渉（「通信」）は行わないという（暗黙の）合意の下で交易を行うシステムだった。

先にも見たように、このシステムは一五六七年、明によって導入された。しかし、このときには、日本は除外された。出会い貿易が、中国商人、日本商人、さらにはマカオのポルトガル人、台湾のオランダ人などの参入によって興隆したのはこのためであり、鄭芝龍、鄭成功はこれを支配することで海のアジアの一大勢力となった。しかし、日本では、幕府が長崎（および対馬、琉球・薩摩、アイヌ・松前藩のルート）で交易を管理した。また清は、台湾の平定のあと、中国の商人が日本に行くことを許した。

遷界令（一六六一年）から展界令（一六八四年）までの二三年間、長崎に到来した中国船は毎年二〇—三〇隻だった。この事情は一六八四年まで変わらなかった。一六八四年、長崎に到来した中国船は、中国から九隻、東南アジアから一五隻だった。

しかし、長崎に来航する中国船はこれ以降、急増した。一六八五年には中国から七〇隻、東南アジアから八隻が到来した。一六八八年には一九四隻に達した。また一六八五年には清の「官船」一三隻が来航した。通商の可能性を探るため、福州・アモイの「大将」が派遣したものだった。しかし、幕府はすでに一六三〇年代以来、「長崎口」での中国との関係を国家の関与しない民間レヴェルの「通商」（互市）関係と位置づけており、したがって、この原則をあらためて確認し、「官人の渡来をとどめ」、よく諭して帰国させた（岩井茂樹『「華夷変態」後の国際社会」）。

それ以降、幕府は一六八九年には中国からの船を七〇隻に制限し、さらに一七一五年には正徳《しょうとく》新例を発布して、中国船の入港数を三〇隻に制限、信牌《しんぱい》と呼ばれる交易の許可書を交付し、それを持たないものには交易させないこととした。また中国船の出航地に応じて入港できる船数を決め、南京船一〇隻、寧波船一一隻、アモイ、台湾、広東からは各二隻、広南（ヴェトナム中部）、シャム（タイ）、バタヴィア（ジャカルタ）からは各一隻とした。清はこれを踏まえ、一七一七年以降、特権を与えた商人以外、海に出て交易することを禁止し、そのときに信牌を利用して、長崎に行く船を統制した。つまり、清は徳川幕府と政治交渉を行うことなく海の交易を管理したのである。

互市システムはこのとき日清間で通商システムとして制度化された。互市に関わる案件あるいは紛争について、両国政府が外交交渉によって処理するのではなく、一方が商人に伝達したことについて、もう一方が、やはり商人を通じて、受け入れを表明する。政府は直接、交渉せず、したがって、幕府も清も「国の礼」「国典」に及ぶことなく、商業経路によって情報の伝達、意思の通告を行った。それが互市システムの利点だった。

大陸部東南アジアの国々の動向

清の成立までに、マニラ、マラッカ、ジャワ北海岸の港市などは、すでにスペイン、ポルトガル、オランダ(東インド会社)の支配下に置かれ、清に朝貢することはなかった。

一方、大陸部東南アジアの国々は、ビルマも、シャムも、ヴェトナムも、清に朝貢した。しかし、吉澤誠一郎(『清朝と近代世界』)の指摘する通り、これらの国々は、国内的には、自国を清と同等の存在と表現した。たとえば、コンバウン朝ビルマの年代記において、「西の王」のコンバウン王朝に対し、清は「東の王」と記された。コンバウン朝ビルマは一八世紀半ばに成立し、上ビルマを基盤として沿海部の下ビルマに支配を拡大した。シャムと抗争し、乾隆《けんりゅう》帝が送った清の軍勢の侵攻も抑えた。上ビルマから雲南省にかけての盆地には、タイ系の言語を話すシャンの人々などが自立的な小国を作っており、これらの国々はビルマと雲南省の両方に使節を送り、両属関係を維持した。

一方、ヴェトナムでは一七七一年にタイソン(西山)党の乱がおこった。タイソン阮《グエン》氏の軍勢はクアンナム阮氏の政権をサイゴンに破り、北に上って鄭《チン》氏政権を駆逐し、黎《レ》朝の皇帝の権威を復活させた。しかし、黎朝の皇帝は清の軍事力を後ろ盾にタイソン阮氏の勢力からの自立を試み、一七八八年、清の軍勢がヴェトナムに侵入した。タイソン阮氏は一七八九年、清の軍勢をハノイ郊外に破り、ヴェトナムに新しい政権を建てた。清もこれを受け入れ、タイソン阮氏を安南国王と認めた。タイソン阮氏はハノイへの侵攻、清の軍勢との戦いに中国の海賊の力を借り、海賊に官位を与え、軍船、大砲を供与した。

一方、クアンナム阮氏の残党のグエン・フック・アインはタイに亡命し、一七八〇年、フランス、イギリス、タイなどの勢力の援助でサイゴンを占領した。タイソン阮氏は海賊と同盟して、クアンナム阮氏と関係の深かったサイゴンの華人を弾圧し、海賊は南シナ海を跳《ちょう》梁《りょう》した。この勢力は一八〇一年頃には二〇〇隻ほどの艦隊を率いていた。しかし、海賊はこの年、グエン・フック・アインの軍勢に打ち破られて、一八〇二年にはタイソン阮氏も滅亡した。

歴史の比較

デイヴィッド・カンの議論

元、明、清の台頭に際し、東アジアにどのような変化がおこったか、以上がその概観である。

では、この歴史から、最近の中国の台頭と東アジアの変容について、どのような示唆を得ることができるのか。歴史上、中国における王朝の交代とともに、その周辺、たとえば雲南で、どのような変化がおこったかについては、すでに多くの研究がある。それに比較して、最近の中国の台頭を超長期の東アジアの歴史的文脈に置いてみて、そこからなんらかの示唆を得ようとする研究はあまりない。その意味で、内容的には非常に不十分ではあるが、デイヴィッド・カンの『西洋到来以前の東アジア――五世紀に渉る交易と朝貢』の内容をまず紹介し、その議論がなぜ問題かを説明するかたちで、われわれの考えを述べることにしよう。

デイヴィッド・カンは、東アジアの「中国化された国家（Sinicized States）」、具体的には、中国、朝鮮、ヴェトナム、日本の四カ国に注目して、こう述べる。これら「中国化された」国々は、同時代のヨーロッパの国々を凌駕する軍事力をもっていた。しかし、ヨーロッパの歴史が戦争の歴史だったのに対し、東アジアの国際関係はきわめて安定していた。一三六八年の明の成立から一八四〇年のアヘン戦争までの約五〇〇年、東アジアでは六度、大戦争があった。一四〇六―二八年の明のヴェトナム侵略、一五九二―九八年の日本の朝鮮侵略、一六一八―四四年の満洲の中国征服、一六二七、三七年の満洲の朝鮮侵略、一六九〇―一七五七年の中国の新疆征服、一八四〇―四二年のアヘン戦争である。このうち「中国化された」国家同士の戦争は、明のヴェトナム侵略と日本の朝鮮侵略だけで、満洲の朝鮮侵略、中国の新疆征服は戦争というより平定だった。つまり、一四世紀半ばから一九世紀半ばまで、中国、朝鮮、ヴェトナム、日本の間で戦争があったのは二回だけだった。では、なぜ、東アジアではこれほどにも戦争が少なかったのか。なぜ、東アジアの国際関係はこれほどにも安定し、平和的だったのか。

これがカンの問いである。これについてのカンの答えはきわめて明快である。東アジアでは、歴史上、中国が常に、軍事的、文化的、経済的に圧倒的な力をもっていた。しかし、中国はその力を行使して、周辺にその支配を拡大しようとはしなかったし、経済的に搾取しようともしなかった。軍事力は、中国においても、それ以外の「中国化された」国々においても、外征のためではなく、国内秩序の維持のために行使された。中国はまた、東アジア国際秩序の基礎となる規範と制度を提供した。それが中国の皇帝を頂点とする朝貢システムで、東アジアの国際秩序はこのシステムの下、ヒエラルキー的に組織された。この秩序は西欧におけるウェストファリア・システムとはきわめて対照的なシステム的特徴をもっていた。ウェストファリア・システムの基本的組織原理は、主権国家間の形式的平等(formal equality)と力の均衡の政治(balance-of-power politics)にあり、西欧では戦争が常態となった。一方、東アジアの朝貢システム秩序においては、国家間の形式的不平等(formal inequality)とヒエラルキー(序列)がその組織原理となり、これがきわめて長期にわたる秩序の安定をもたらした。

つまり、まとめて言えば、中国がこの地域で圧倒的な力をもち、その力を「優しく(benevolent)」行使したこと、そしてそのヘゲモニーの下、中国の皇帝を頂点とする朝貢システム秩序を構築し維持したことが、東アジア国際秩序の長期的安定をもたらした。東アジアの国々は、かつてこういう秩序のあったことを知っている。また中国が、その「重心」だったこともよくわかっている。したがって、これらの国々は、中国の台頭に「同調」するのであり、バランスをとろうとはしない。

西欧における近代国家の形成

では、こうしたカンの議論は、比較史の試みとしてどれほど妥当なのか。

歴史的に、西欧において戦争の絶えなかったこと、それに比較して、東アジアの国家がその資源を、軍事力もふくめ、主として国内秩序の維持のために動員したことは、しばしば指摘される通りである。

マクロ比較史の泰斗チャールズ・ティリーによれば、西欧ではこの五〇〇年、実に多くの戦争があった。その頻度は、なにを戦争と数えるかにもよるが、一六世紀に三四回、一七世紀に二九回、一八世紀に一七回、一九世紀に二〇回、二〇世紀に一五回、各世紀一〇〇年のうち、戦争のあった年は、一六世紀には九五年、一七世紀には九四年、一八世紀には七八年、一九世紀には四〇年、二〇世紀には五三年に達した。

なぜか。ごく簡単である。一四九〇年当時、西欧には、オスマン帝国、ハンガリー、ポーランド、リトアニア、モスクワ公国、スウェーデン、イギリス、フランス、スペイン、ポルトガル、ナポリ等の大国に囲繞《いにょう》されて、約二〇〇の国家が存在した。これが戦争と併合によって、一九九〇年までに、(数え方にもよるけれども)二五―二八の国家に統合された。

この国家の生存競争においては、軍事力が決定的重要性をもち、実際、この時期、主要国家の軍事力は大いに拡大した。一六〇〇年当時、西欧最大の強国、スペインの常備軍は二〇万、人口の二・五%を占めた(あるいは、スペインは、人口の二・五%を兵力として維持するだけの富をもっていた)。これにフランスの八万(人口の〇・四%。以下、同)、ロシアの三・五万(〇・三%)、イギリスの三万(〇・七%)、オランダの二万(一・三%)、スウェーデンの一・五万(一・五%)が続いた。秀吉が朝鮮侵略に人口の一%、一四万―一六万の軍勢を動員したことを想起すれば、この時期の東アジア国家の力の優越は明らかだろう。

しかし、一八五〇年までには、西欧最大の陸軍国フランスは四三・九万(一・二%)の軍事力をもち、これにイギリス二九・二万(一・一%)、スペイン一五・四万(一%)、スウェーデン六・三万(一・八%)、オランダ三万(一%)が続き、一方、ロシアは八五万(一・

五％）の兵力を擁した。国家形成の比較史で常に指摘される通り、西欧では、明らかに、戦争が近代国家形成のエンジンだった。

東アジアの国家システムと軍事力の行使

これと比較すれば、東アジアの国家システムははるかに安定していた。その最大の理由は、一四世紀半ば、明の勃興の頃までに、この地域で（また一三世紀、モンゴル帝国の支配下に入ったそれ以外の地域でも）、もちろん近代国家とはずいぶん違う国家としてではあるが、地理的にかなりはっきりとした輪郭をもつ領域国家が成立し、国家の数においても、領域においても、西欧と比較してはるかに安定した国家システムが生まれていたことにある。したがって、カンのように、国家が軍事力によって他の国家を併呑《へいどん》しようとする行動を戦争と定義すれば、東アジアにおける戦争の頻度が西欧と比較してはるかに少ないのはあたりまえである。

しかし、これは、東アジアの国家が、みずからの政治的意思を他者に強制する手段として、軍事力を行使しなかったということではないし、実際、中国本土でも、その周辺でも、戦争、征服、征伐、平定、反乱鎮圧、軍事行動、その他、名称はなんでもよい、軍事力の行使は歴史の常態だった。注目すべきは戦争の頻度ではない。注目すべきは、中国が、いつ、どこで、なぜ、軍事力を行使したかである。

これは、別の言い方をすれば、中国にとって、地政学的に、どこが、どれほど、重要だったかということである。この観点から見れば、パターンはきわめてはっきりしている。朝鮮と雲南は、いかなる勢力が中国を支配する上でも、戦略的要衝を占めた。この地域の安定／平定なしに、中国の安定的支配はありえなかった。

　モンゴルは一二三一－五九年、六波にわたって高麗を侵略し、一二五九年、元宗の「出陸」によって、高麗を完全に屈服させた。一四世紀半ば、元の力が衰えると、一三五六年、高麗王は元と断交し、独立した。しかし、高麗はこの頃から倭寇に苦しみ、一三五九－六二年には紅巾軍の侵入によって開京も陥落した。一三六八年、明が成立すると、一三七〇年、高麗は明に朝貢し、冊封を受けた。しかし、一三八八年には戦乱の中から頭角を現した李《イ》成《ソン》桂《ゲ》が政権を掌握し、一三九二年に国王に即位、一四〇一年には明によって朝鮮国王として冊封を受けた。ついで清の勃興に際しては、朝鮮は一六二七年、大清建国（一六三六年）の前に満洲に攻められ、屈服した。

　雲南は中国にとって南の要衝を形成した。モンゴルは南宋攻略の一環として、一二五三年に大理城を占領した。明は一三八一年に雲南の征服に乗り出し、延べ一五六万の兵力を動員して一三八四年までに雲南を平定した。雲南には明代、大量の漢人が流入し、清代には雲南は「漢民族」の地となった。

朝鮮、雲南と比較すれば、ビルマ、ヴェトナムは、雲南、広西の山々の向こう、戦略的要衝の外にあった。したがって、中国によって攻められることもあれば、攻められないこともあった。しかし、中国にとって大規模な軍勢を長期にわたって動員する政治的意味はそれほど大きくなかった。

ヴェトナムはモンゴル、明、清、すべてに攻められた。モンゴルは一二五七年にヴェトナムに侵入し、一二五八年、ヴェトナムはモンケに朝貢した。明は一四〇六年にヴェトナムを侵略し、およそ二〇年にわたって支配した。しかし、一四二八年、黎利が明の勢力を国外へ放逐し、明の支配を終わらせた。清はタイソン（西山）党の乱のさなか、一七八八年にその軍勢をヴェトナムに派遣した。しかし、タイソン阮氏は一七八九年、清の軍勢をハノイ郊外に破り、清もタイソン阮氏を安南国王と認めた。

一方、ビルマを攻めたのはモンゴルだけだった。元は一二七七年、八三年、八七年にビルマに侵入し、八七年にはパガンを攻略して傀儡政権をたてた。しかし、一三〇〇年には元の軍勢はパガンに敗れ、元は一三〇三年には征緬省も廃止した。

海のアジアの地政学的意義

中国の歴代王朝にとって、海のアジアの地政学的意義はさらに小さかった。リアリズムの国際政治学がつとに指摘する通り、海そのものが大きな障碍となったからである。

モンゴルは一二七四年、三万余の軍勢を日本に派遣した。この軍勢はその帰途、嵐に遭遇して一万三五〇〇人余を失った。一二八一年の第二次日本征討においては、元は、東路軍四万人、九〇〇艘、江南軍一〇万人、三五〇〇艘の船を派遣した。しかし、元の軍船は台風で大損害を被り、元は海軍戦力の三分の二以上を失った。

元のチャンパ、ジャワ遠征でも同じようなことがおこった。元は一二八二年、チャンパの都を落とした。しかし、一二八三年には、元の水軍が暴風で壊滅した。元は一二九二年には一万五〇〇〇の軍勢を武装商船団とともにジャワに派遣した。しかし、この軍勢はジャワで内乱に巻き込まれ、撤退した。

また、海のアジアは中国の歴代王朝にとって大きな脅威ではなかった。脅威は、日本の朝鮮侵略を唯一の例外として、常に、中央アジアあるいは国内からきた。そして日本の朝鮮侵略においても、結局、海が障碍となった。秀吉は一五九二年に一五万八〇〇〇、一五九七年には一四万の軍勢を朝鮮に派遣した。しかし、この時代、これだけの軍勢の兵站《へいたん》を長期にわたって維持することは至難のわざだった。秀吉が死去し、豊臣の国内支配に不安が生まれると、軍勢は直ちに引き上げられた。

つまり、まとめて言えば、東アジアにおいても、西欧と同様、軍事力はきわめて重要だった。しかし、東アジアでは、軍事力は主として国内秩序の維持、そして、中国について言えば、その戦略的要衝、特に朝鮮の属邦化と雲南さらには広西の平定のために行使された。海のアジアは中国にとって戦略的要衝ではなかったし、脅威でもなかった。

朝貢システムの限界

もう一つ、重要なことは、朝貢システムそのものの理解である。朝貢と冊封は、モンゴルの時代にも、明、清の時代にも、東アジアの国家間関係を秩序づけるきわめて重要な政治制度だった。これは中国史の専門家がつとに指摘する通りである。

しかし、朝貢システムには、それ自体に内在する限界があった。その一つの限界は、言語そのものにあった。朝貢と冊封の通信はすべて書面で、ヒエラルキー的な言語によって行われた。この言語を拒否すること、それが中国を中心とする朝貢システムそのものの否定と同義になった。パガンの王は一二七三年、元使を処刑した。鎌倉幕府も一二七五年と一二七九年、元使を斬首に処した。また、豊臣秀吉は日本国王の称号と金印をもって来朝した明の冊封使を追い返し、徳川幕府は一六三五年、将軍の外交上の称号を「日本国大君」と定め、日本の年号を明記することとした。幕府はこのとき、清との「通信」を断念した。

もう一つの限界は、貿易にあった。朝貢と朝貢貿易は、概念としても実態としても区別した方がよい。明の時代に導入された朝貢貿易（朝貢に付随して行われる貿易）は、民間の交易を禁止し、海外貿易を国家の管理下に置くものだった。この制度の下では、貿易は、朝貢使節の往来に付随して行われるほかなかった。そこから排除された商人は「賊」となった。それが倭寇であり、武装した海洋商人だった。これが明に大問題をもたらした。一六世紀半ばまでに、海洋商人が大勢力に成長し、明に敵対し、大倭寇と言われる事態が出現したからである。

明はこれに直面して、一五六七年、朝貢をともなわない対外交易を原則として認める決定を行った。日本はその対象外とされた。しかし、それでも、この決定で交易は朝貢と関係なく行うことができるようになった。これが互市システムだった。互市システムは、徳川幕府と清の間でも、一七一七年までに通商制度として定着した。朝貢と冊封を基本とする政治制度としての朝貢システムと通商における互市システムの併存は、朝貢システムの限界を示すものであり、ここで追認された政治と経済の分離が、中国を中心とする東アジア国際秩序の柔軟性を保障することにもなった。

こうしてみれば、日本と中国の関係が、モンゴル、明、清の時代で、どうして異なるのかも理解できるだろう。モンゴルの時代、日本（鎌倉幕府）は朝貢を拒否して攻められた。明の時代には、日本（足利義満）は明に朝貢使節を派遣した。義満は「日本国王」に冊封され、朝貢貿易を保証する勘合を支給された。清の時代には、日本（徳川幕府）は国家間の関係をもつことなく、互市システムによって交易を行った。中国を中心とする国際秩序の柔軟性と障壁としての海の存在、日本が琉球、マラッカなどと比較して軍事的にはるかに強力だったこと、そして日本の国内政治が、時代によって、違う関係を生み出した。朝鮮にも、雲南の小王国にも、またヴェトナムにもそういう選択肢はなかった。

比較史的考察から

さて、それでは、こうした東アジアの長期の歴史から、最近の中国の台頭と東アジアの変容を理解する上で、なにか示唆を得ることはできるだろうか。

あたりまえのことであるが、中国のヘゲモニーの下、東アジアの国際秩序がきわめて長期にわたって安定していたからといって、中国が「盟主」となれば、中国を中心とする二一世紀型の朝貢システムが成立して、東アジアの国際秩序は安定するということにはならないし、そもそも中国の台頭によって、中国がいずれこの地域においてヘゲモン（盟主）になるということにもならない。長期の歴史的趨勢を「正常」と措定して、一九―二〇世紀の東アジアの歴史は「脱線」だったというくらい、比較史的に「的外れ」の議論はない。マルクスを借りて言えば、歴史は「茶番」としても繰り返さない。

それでは、これまでの比較史的考察からなにが言えるのか。三点、指摘できる。

第一に、中国がいかに台頭しても、中国がかつてのように圧倒的な力をもつことは、まずありえない。これから二〇年程度のうちに、購買力平価で見れば、中国の経済規模は米国のそれを凌駕するかもしれない。しかし、それでも、米国とその同盟国、パートナー国を合わせれば、力の均衡が中国に圧倒的に有利になることはありえないし、まして、中国が、東アジアにおいて、みずから新しいルールと制度を作り、それを周辺の国々に強制するようなことはありえない。注目すべきは、長期的に見て、米国がヘゲモンとして東アジアの平和と安定と繁栄に関与する意思と能力をもち続けるか、またそのリーダーシップの下、この地域の国々が、インドネシアのユドヨノ大統領のことばを借りれば、「動的均衡」実現のための政治的連合を維持できるかどうかによる。

第二は、海のアジアと陸のアジアの勢力配置の変化である。中国にとって、海のアジアは、一九世紀半ばまで、歴史的にきわめてマージナルな存在だった。海のアジアが中国の脅威となったのは、一九世紀半ば以降、二世紀たらずのことであり、二一世紀初頭の現在、海のアジアは「米国の海」となっている。中国は、海のアジアにおける力の投射能力を高めつつある。しかし、その結果、中国が海のアジアの盟主となるとはおよそ考えられない。それ以上に注目すべきは、中国が、北朝鮮、インドシナ（特にタイとミャンマー）、さらにはパキスタンを経由して、その勢力を日本海、シャム湾、インド洋に伸ばしていることである。それが中長期的にどのような地政学・地経学的意味をもつか、注意しておく必要がある。

そして第三に、現代の国際秩序においては、かつての朝貢システムの時代とは違って、国際関係においても、それ以外のきわめて広範な政治、経済、社会、文化の領域においても、形式的平等と自由と公平と透明性の原則が、ごくあたりまえのこととして受け入れられている。そうした規範とその上に成立する制度は、近年のグローバル化と、それに先立つ一世紀以上にわたる「アングロ・サクソン化」（イギリス化、アメリカ化）によって、英語を「世界語」としつつ、地理的にますます広く、また人口的にますます多くの人たちに共有されるようになった。そういう時代に、中国の台頭によって、世界的にはもちろん、東アジアにおいても、この秩序がラディカルに変わり、形式的不平等と序列（ヒエラルキー）を一般原則とする二一世紀型朝貢システムが復活するとは考えられない。

近年、世界システム論の分野では、朝貢システムの概念的拡張が試みられている。そのとき暗黙の前提とされているのは、言語の透明性と経済的利益の圧倒的優位である。あるいは、少し砕いて言えば、中国の政府がいかに「尊大」であっても、結局のところ、周辺の国々と人々はみずからの経済的利益を優先する行動をとる（その結果、中国を中心とする事実上の序列ができる）という思い込みである。しかし、われわれは、歴史的に、言語秩序そのものが崩壊するとき、まさにそこで、中国中心の秩序の限界が露呈したことを知っている。「天下」の秩序は、この言語的限界の中で成立した。そしてこの秩序は、二一世紀の現在、もうすでに失われて久しい。

第五章　アングロ・チャイニーズの世界

中国＝チャイナ、チャイニーズ

われわれはこれまで、中国、さらには中国人、華僑、華人といったことばを、あたかもまるで疑問の余地のない、はっきりとした輪郭をもつことばであるかのように使ってきた。しかし、たとえば、中国は、中華人民共和国とその領域を指示することもあれば、それに台湾（中華民国）、香港をふくめることもある。また中華人民共和国の支配する領域といっても、新疆ウイグル、チベットがはたして中国かどうか、大いに議論のあるところだろうし、歴史的にも、元、明、清などを、すべて中国ということばで一括してよいものか、まして素直に訳せば「拡大中国」とでも訳すほかない Greater China（大中華圏）の中華＝中国＝チャイナがなにを意味するか、まるで怪しい。つまり、ごく直截に言えば、「中国＝チャイナ」

ということばは、確かになにかを指示してはいても、その指示する内容は、ときと、ところと、だれがどういう文脈でそれを使うかによって、ずいぶん違う。

中国人、華僑、華人、華裔《かえい》、中国系となると、これはますます厄介である。たとえば、われわれの友人に、福建省で生まれ育ち、アモイ大学を卒業し、オランダの大学で博士号を取り、いまはシンガポール人と結婚して、シンガポールの永住権を得て、シンガポールの大学で教えている人がいる。では、かれは、中国人なのか、華僑なのか、華人なのか。

あるいはすでに鬼籍に入ったけれども、われわれの友人に、東ジャワのパスルアンの生まれで、祖父は、インドネシアがオランダの支配下にあった時代、植民地の政府が「中国人（Chinese/Chineezen）」の居住地と指定したパスルアンの「中国人」地区の長（カピタン・チナ）で、自分は七世だという人がいた。一九世紀ジャワ史の泰斗で、一九六〇年代、イェール大学歴史学科の大学院に学んだとき、中国近代史のセミナーの最初の授業で、黒板に「王」と大書して、わたしはオンホックハム、知っている中国語の文字はこの一字だけだと大笑しながら自己紹介したという。

かれはジャワ語で育ち、学校でオランダ語を学び、インドネシア語、英語も達者だったけれど、中国語は福建語（閩南語。福建省南部の「方言」で、大陸では閩南語と呼び、東南アジアでは福建語という）も標準語（普通話／国語）もまったく知らなかったし、学ぼうともしなかった。また、インドネシアが独立して以降は、自分はインドネシア人だと言って、かれの世代のジャワ人の多くが、スカルノ、スハルト、ブディオノなど、ただ一つしか名前をもっていなかったためだろう、「同化」論者として、自分の名前をOng Hok Ham（オン・ホック・ハム）から「スペース」を取ってOnghokham（オンホックハム）に変えた。しかし、かれは中国料理を愛し、中国とジャワの歴史を学び、自分が「中国人」であることを誇りにした。では、かれは、中国人なのか、華僑なのか、華人なのか。かれにとって、チャイニーズであるとはどういうことだったのか。

あるいは、もう一つだけ、例を挙げると、われわれの知人にピーター・ゴンタという実業家がいる。スハルトの息子の友人で、一九九八年、東アジア経済危機のさなか、スハルト体制が崩壊しつつあった頃、インドネシアの通貨ルピアをドルにペッグするカレンシー・ボード制（国内に流通する自国通貨に見合っただけのドルを中央銀行が保有するという制度）の導入をスハルトに売り込もうとした人物である。

かれは、一般に、北スラウェシを出身地とするメナド人と見なされている。父親がメナド人だったからである。しかし、かれの母方の祖母は、かつてオランダ領時代、ジャワの「砂糖王」として知られたウイ・チョンハム（黄仲涵）の娘で、その祖母の父親は「インド」（オランダ人と「原住民」の混血）だった。では、かれは、華人なのか、華裔なのか、中国系なのか、それとも、そのどれでもないのか。

ここでわれわれが直面しているのは、「中国」と同様、中国人、華僑、華人、華裔、中国系などのことばも、一見、くっきりとした輪郭をもつように見えながら、実際に、われわれの知っている人たちを具体的に想起して、かれらを範疇《はんちゅう》分けしようとすると、その途端に輪郭がぼけ、その指示する意味がはっきりしなくなるということである。しかも、不便なことに、日本語では、中国人、華僑、華人、華裔、中国系などのことばで指示される人々を一括して捉まえることば、英語の Chinese に当たる一般的な名詞がない。本章で、中国人、華僑、華人、華裔、中国系などのことばで指示される人々の総称として「チャイニーズ（Chinese）」を使うのはそのためである。このことばを使うと、われわれが本章で考察したい問題がストレートに提示できるからである。

それは、こういう問題である。中国（中華人民共和国）は一九七〇年代末以来、すでに三〇年以上にわたって経済的に台頭し、中国の力と威信は世界的にも地域的にも大いに上がっている。さて、それでは、こうした中国の台頭にともなって、東南アジア、さらにはカナダ、アメリカ、オーストラリアなどのチャイニーズは、大陸のチャイニーズのようになりつつあるのか。もしそうでないとすれば、中国の外、特に東南アジアにおいて、いま、どのようなチャイニーズが主流となりつつあるのか。それは中国の台頭とともに変容する東アジアにとって、政治、経済、社会、文化的に、どのような意味をもっているのか。

「まなざし」の変化

これを考える手がかりとして、まず注目すべきは、この三〇年余、中国の経済的台頭とともに、東南アジアで、チャイニーズであることが「ファッション」あるいは「流行」になったことである。一九八六年のフィリピン革命の英雄で、一九八六―九二年、大統領を務めたコラソン・コファンコ・アキノ。一九九〇年初頭、タイで経済改革を実行し、いまでも名宰相として評価の高いアナン・パンヤラチュン。ポスト・スハルトの民主化の時代にインドネシアの大統領となった正統派イスラム社会教育団体ナフダトゥール・ウラマーの指導者アブドゥルラフマン・ワヒッド。こういう人たちがみな、自分はチャイニーズの血をひいている、自分はチャイニーズであると公言していた。

インドネシアでは、スハルト体制が崩壊して二年後の二〇〇〇年、それまで三〇年以上にわたって、中国語（普通話／国語）の教育から中国起源の慣習、儀礼、さらには名前まで、チャイニーズ（インドネシア語で「チナ」）に対し、実にさまざまに課されていた制限の多くが撤廃され、陰暦の旧正月は公式の休日となり、中国語の新聞が発行され、チャイニーズの政党、インドネシア中華改革党（Partai Reformasi Tionghoa Indonesia）も設立された。

また、もっと一般的には、チャイニーズの新しいイメージは、移民から経営者へ、チャイニーズの立身出世を描いたタイのテレビドラマ「龍のデザインで」(Lod Lai Mangkorn 一九九二年)、フィリピン映画「あなたの手にキスを」(Mano Po 二〇〇二年)、一九六〇年代のインドネシアの学生活動家スー・ホックギーを描いたインドネシア映画「ギー」(Gie 二〇〇五年)、マレー人の少女とチャイニーズの男の純愛を描くマレーシア映画「細い目」(Sepet 二〇〇五年)などにおいて表現されている。

こうした現象は、中国の台頭とともに、東南アジアにおいて、チャイニーズを見る人々の「まなざし」に変化が生じ、それがチャイニーズと呼ばれる人たち自身の変化と一緒になって、かれらの社会的、政治的地位を急速に変えつつあることを示している。

しかし、東南アジアにおいて、チャイニーズの地位に変化がおこるのは、これが最初ではない。実のところ、東南アジアの歴史を見れば、チャイニーズを見る人々のまなざしは、ほとんど世代ごとに変化してきた。二世代前、一九五〇年代から六〇年代には、東南アジアのチャイニーズはしばしば「共産中国(コミュニスト・チャイナ)」の「第五列」とされた。また一世代前の一九七〇年代から八〇年代には、チャイニーズは「権力なきブルジョワジー」、つまり、カネはもっていても政治的な力をもたない人たち、あるいはカネの力で政治家に取り入り、その事業を拡大する、どこか信用ならない存在とされた。そして一九五〇年代から八〇年代にかけて、東南アジアの多くの国々では、ナショナリズムが高揚する中、国民国家の建設が国策の課題とされ、その一環として、チャイニーズの「同化」「統合」が喧伝され、まさにそのゆえに、チャイニーズは国民一般とはどこか違う存在として、しばしば、差別とたかりの対象ともなった。

チャイニーズの地位が近年、大きく変化してきたのは、もちろん、さまざまの要因による。一九七〇年代には、米中、日中の国交正常化とインドシナにおけるアメリカの戦争の終焉を受けて、フィリピン、マレーシア、タイが中国と外交関係を樹立した。またインドネシア、シンガポール、ブルネイ、ヴェトナム、韓国は、冷戦終焉の頃から、中国との外交関係を正常化した。これにともない、東南アジアの国々では、それぞれ違うかたちで、チャイニーズの国籍問題に決着が付けられた。

また一九八〇年代半ば、特にプラザ合意（一九八五年）から一九九〇年代後半の東アジア経済危機の頃（一九九七―九八年）にかけて、東アジアの地域的な経済発展、中産階級の台頭、チャイニーズ・ビジネスの成長と国境を越えた展開、アメリカに生まれた文化的多元主義の普及、中国（中華人民共和国）の社会主義党国家から社会主義・市場経済党国家への変容と経済的台頭、こうしたことのすべてが、東南アジアにおいて、チャイニーズを見る人々のまなざしを変え、その地位の変化をもたらした。

しかし、それでも、中国＝チャイナと中華人民共和国は同じではないし、中華人民共和国が国民国家として、すべてのチャイニーズを代表しているわけでもない。歴史的に見れば、中国＝チャイナ、中華世界＝チャイニーズの住む領域、チャイニーズのアイデンティティはさまざまだったし、これからもそうだろう。

現在、大陸を支配する中華人民共和国の指導者がいかに「中国三千年の偉大な伝統」を語ろうとも、そこでかれらが自明のこととする「中国」は、文化的、社会的にも、また経済的、政治的にも、きわめてハイブリッドな存在である。それを見るには、近代中国＝モダン・チャイナがいかにして形成されたか、少し考えてみればよい。

一九世紀半ば以降、中国（清）に対する脅威は海のアジアからやってきた。それが大清皇帝を頂点としてヒエラルキー的に編成された朝貢システムと地域秩序の解体をもたらした。近代中国はこの「乱」の時代に生まれた。この時代にはまた、きわめて多くの人々が大陸、特にその沿岸地域から外に流出していった。そうした人の流れは、中国が閉じていた一九五〇年代から七〇年代まで、一時、細ったけれども、いままた拡大しつつある。

大陸においても、大陸の外においても、「中国」とチャイニーズについて、近代的観念が生まれ、普及したのは一八九〇年代から一九〇〇年代にかけてのことだった。つまり、この時期になって初めて、中国＝チャイナ、中国人＝チャイニーズ＝中国に居住する人たち、というかたちで、「中国」が中国国家とその支配する領域として連想され、その一方、チャイニーズは、現実には、この領域を越えて外に広がっていくことになった。

その結果、「中国」の近代国際システムへの統合と「中国」の内外におけるチャイニーズ・ナショナリズムの台頭とともに、「中国」とはなにか、チャイニーズとはだれか、なにがチャイニーズをチャイニーズたらしめるのか、だれがそれを決めるのかという問いは、一九世紀半ば以降、「中国」の外、チャイニーズがもっとも多く流出していった東南アジアにおいて、チャイニーズと括《くく》られ、現地の政府から、それ以外のカテゴリーに入れられた人たちとは違う扱いを受けた人々にとって、みずからの存在に関わる大問題となった。

少し抽象的な言い方をすれば、国民国家の「領域」と「国民」と「文化」と「文明」の間で、「中国」とチャイニーズが宙吊りになったためである。あるいは、本章の冒頭で述べたことを繰り返して言えば、中国＝チャイナ、チャイニーズという観念が、一見、くっきりとした輪郭をもつ統一的な領域、その領域を支配する国家、その領域に居住する国民、その国民の文化、かれらが歴史的に作ってきた文明を意味しているように見えて、実は、「中国」＝中華人民共和国、チャイニーズ＝「中国」人＝中華人民共和国人民（国民）、と等号を置くわけにはいかないためである。

しかし、それでも、中国（中華人民共和国）では、こういう等号が、当然のこととして、置かれる。中華人民共和国の指導者が、なんの疑いもなく、大きな誇りをもって、「中国三千年の伝統」を語るのはそのためである。かれらにとって、そしておそらく多くの中華人民共和国人民にとっても、くっきりとした輪郭をもつ「中国」がリニアな時間の中をゆっくりと下っていくことはごく自明のことであり、近代中国が一九世紀半ば以来の「乱」の時代に形成されたきわめてハイブリッドな存在であること、そうしたものとして、近代中国、つまり「中国」が、たかだか一世紀余の歴史しかもたないことは見事に忘却されている。

しかし、これは歴史的事実である。それを見るには、今日、中華人民共和国の政治、経済、社会、文化の体制を支える鍵概念の多くが、日本語を経由した外国語からの翻訳語、借用語であることを想起すれば十分だろう。「共和国」「国民」「民族」「経済」「共産主義」「社会主義」「封建主義」「帝国主義」「植民地主義」「近代」、これらはすべて、外国語からの翻訳語、借用語である。欽差《きんさ》大臣としてアヘン禁輪を実行し、アヘン戦争（一八四〇—四二年）を招いた林則徐《りんそくじょ》、一九世紀半ば、太平天国の乱（そのイデオロギー自体、きわめてハイブリッドなものだった）の鎮圧に功績を挙げた曾国藩《そうこくはん》、かれらは、こういう概念を一つも理解できなかったはずである。

東南アジアのチャイニーズ——その先史

一九世紀末から二〇世紀半ばまでの時期は、中国本土においても、またその外、特に東南アジアにおいても、チャイニーズ・ナショナリズムの大いに高揚した時期だった。清の官僚から、康有為《こうゆうい》、梁啓超《りょうけいちょう》ほかの改革派、孫文《そんぶん》をはじめとする革命派、さらには軍閥から国民党、共産党の活動家まで、かれらは中国とその外、特に南洋（東南アジア）のチャイニーズに対し、「われわれはチャイニーズである」と、「中国」への献身を訴えた。

それが東南アジアでは二つ、大きな効果をもった。その一つは、これによって、東南アジアのチャイニーズがそれまで育んできた出身地、先祖、出自との同一化（identification）と愛着が、政治的に初めて意味をもつようになったことである。またもう一つは、「われわれはチャイニーズである」という観念に支えられた「想像の共同体」と、その土台の上に構築されるべき国民国家について、さまざまの政治的ヴィジョンが提出されたことである。

ただし、これまで繰り返し述べてきた通り、チャイニーズは、国民国家としての「中国」の支配領域に居住する人々と同義ではないし、特に一九四九年以降は、チャイニーズの国民国家を称する国家が二つ、中華人民共和国と中華民国として存在することによって、これはまさに現実に裏書きされている。

しかし、それでも、歴史を見れば、東南アジアのチャイニーズが「中国」を大義名分として政治的に動員され、たとえ「中国」の外、どこに住んでいようとも、チャイニーズはチャイニーズであり、かれらは「本来」、「中国」に属する人たちである、という説得がそれなりに成功してきた。

そこで生まれたのが「中国」の政治的プロジェクトに動員される対象としての「華僑」だった。華僑はいつの時代にも存在したわけではない。華僑ということば自体、一九世紀末に作られたことに見るように、華僑は、まさに「中国」が生まれ、チャイニーズがこのことばをある一つの政治的実体を指示することばと受けとめるようになったとき、生まれたのであり、このとき初めて華僑は、たとえ何世代にわたって「中国」の外にあっても、「本来」、「中国」に帰属すべき人となった（それを端的に表現したのが「落葉帰根」ということばである）。

しかし、東南アジアでチャイニーズをその政治的プロジェクトの対象としたのは、国民国家「中国」を建設しようとするさまざまの勢力だけではなかった。東南アジアの植民地国家は、スペイン領フィリピンでも、オランダ領東インドでも、英領マラヤでも、またフランス領インドシナでも、チャイニーズをそれぞれ法的に定義し、その上に統治の制度を構築した。

たとえば、スペイン領フィリピンでは、政府は植民地の外から到来したチャイニーズを「サンレイ（sangley）」と呼び、かれらがキリスト教徒に改宗した場合には、かれらを父親とする子どもはメスティーソとされた。その結果、メスティーソは、父親の財産を相続するとともに、「原住民」である母親の社会と文化にとけ込み、植民地の住民の中で社会的にもっとも流動的であるとともに、もっともハイブリッドな人々となった。

かれらは、マニラの植民地政府がサンレイの到来を禁止した一八世紀半ばから一九世紀半ばまでの時期、それまでサンレイが支配したマニラと中国大陸との貿易を掌握し、一九世紀末までには、本来、スペイン人クレオールを指示することばだった「フィリピノ」を、みずからを指示することばとして手に入れ、これにフィリピン国民の意味を付与するようになった。また、メスティーソは、こうした変容のプロセスで、いつの間にか、「白人」のヨーロッパ人、アメリカ人と同一化され、かれらの多くが実はサンレイ＝チャイニーズを父親とした過去は忘れ去られ、その一方、（メスティーソでない「純血」の）チャイニーズはフィリピノ（メスティーソ）の「他者」とされることとなった。

タイのチャイニーズは、フィリピンのメスティーソとは違う歴史をたどった。一九世紀後半から二〇世紀初頭の時期、タイ（シャム）のチャクリ王朝にとって、チャイニーズとはだれか、なにがチャイニーズをチャイニーズたらしめるのか、といった問いはどうでもよいことだった。かれらが王に忠実で、経済的に有用であれば、それで十分だった。

この当時、タイで、チャイニーズを一つのカテゴリーとして、他の人々と外形的に区別したのは弁髪だった。弁髪は本来、中国（清）では、清への政治的忠誠を意味した。しかし、タイでは、弁髪はタイ王朝国家の行政的カテゴリー、つまり、ある特定の税を納入し、アヘン吸飲を許される人たちを意味した。これが一九一一年の辛亥革命《しんがい》で転換した。辛亥革命を領導した共和主義のイデオロギーは、チャクリ王朝国家にとって政治的脅威であり、これを契機に、ワチラウット王ラーマ六世はチャイニーズをタイ人とは違うかたちで定義しようとした。

さらにまた、インドネシア、マレーシアでは、すでに何世代にもわたってこの地に住み、現地の人々との通婚によって、言語的、文化的に現地化し、「ジャワ化」「マレー化」した人たちが存在した。しかし、それでも、オランダ領東インド、イギリス海峡植民地の植民地政府は、マカオ、香港、アモイ、汕頭《スワトウ》などから到来した人々をチャイニーズと呼び、すでに何世代にもわたってこの地に定住していた人たちもこのカテゴリーに入れた。また、植民地政府は、このカテゴリーを土台として、チャイニーズが現地化し、原住民社会に同化し、消えてしまわないよう、チャイニーズの居住地区を指定し、その統治のために原住民統治とは違う制度を作り、原住民とは違う税、権利義務を課した。

その結果、かれらも、自分たちは「原住民」ではなく、チャイニーズであると受けとめ、やがて一九世紀末以降、大陸から新しい移民（新客《シンケ》）が多数到来する中、かれらは新客とは違うチャイニーズという意味で「プラナカン」「ババ」と呼ばれるようになり、また、ちょうどこの頃始まった「中国」を大義名分とするさまざまの政治的プロジェクトの影響を受けて、チャイニーズとはなにか、なにがチャイニーズをチャイニーズたらしめるのかといった問いとみずから格闘し、その中から、きわめて自覚的にチャイニーズを定義し、またチャイニーズとなろうとする人たちも出てきた。

チャイニーズの形成

このように、東南アジアでは、チャイニーズがチャイニーズとなるのは一九世紀末、二〇世紀初めのことだった。その一方、東南アジアでは、そういうチャイニーズのアイデンティティの問題とはまるで関係なく、チャイニーズは社会的に、商業／商人、資本／カネと同一視されてきた。これは、チャイニーズの多くが、本来、商人として東南アジアに到来し、商業活動に従事したからであるが、それは同時に、海峡植民地、英領マラヤ、オランダ支配下のスマトラ東海岸等におけるチャイニーズの労働者（苦力《クーリー》）の存在を無視するものでもあった。

この結果、チャイニーズは、東南アジアにおいて、一般的にきわめて「物質主義的な」人々と見なされ、ナショナリズムの台頭とともに、東南アジアの経済を支配する、政治的に信頼できない「異質」の人々、とされることになった。一九五〇年代から一九七〇年代にかけて、東南アジアの多くの国で、国民統合と国民経済建設の名の下、「土地の人々（プリブミ、ブミプトゥラ)」とチャイニーズの文化的違いを消去し、富を再分配することによって、エスニシティと階級のリンケージを解体しようとする、同化と統合の政策が実施されたのはそのためだった。

こうした試みは、一九八〇年代半ば以降、東南アジア各地に都市中産階級が成長し、チャイニーズも、そうでない人たちも、経済成長の果実をそれなりに享受できるようになると、かつての力を失っていった。しかし、それでも、チャイニーズと商業/商人、資本/カネの連想はなおきわめて強く、かつてといまで違うのは、そうした連想がいまではプラスに評価され、中国の経済的台頭とそれがもたらす経済的機会の魅力と相俟って、この地域の人々のチャイニーズに対するまなざしに変化をもたらしているということである。苦力から経営者へ、チャイニーズの立身出世の物語がもてはやされ、その一方で、一九九七―九八年のインドネシア各地における暴動に見るように、チャイニーズが生活必需品を囲い込む「裏切り者」として攻撃されるのは、そのためである。

ただし、ここであらためて確認しておけば、チャイニーズとはだれか、どのような人たちか、その一般的通念と現実の間には大きな距離がある。ごくあたりまえのことであるが、チャイニーズが「中国」から到来したといっても、それはかれらがただ「移植」されたということではない。また、チャイニーズがどこでも、常に、中国文字(漢字)、中国の言語(地方語、標準語)、「人種」的特徴、その他、一般にチャイニーズの特徴とされる属性をもっているわけではない。

これは、本章の冒頭、われわれの友人、知人を具体的に想起しつつ、すでに示唆したことであるが、実際、東南アジアには、みずからをチャイニーズと見なし、また国家からもチャイニーズと扱われているが、中国の言語を、地方語(福建語、広東語、潮州語など)、標準語(普通話/国語)、いずれも、まったく話すことも、読むことも、書くこともできない人はいくらでもいるし、チャイニーズと見えない人も少なくない。一九世紀末、ジャワを訪れた清の大官はバタヴィア(ジャカルタ)の「プラナカン」を見て、こういう連中がチャイニーズであるはずがない、と断言した。また一九八〇年代、カリマンタンには、インドネシア政府が「ヒタチ(hitaci)」、つまり「黒いけれども、それでもチナ(hitam tapi cina)」と呼ぶ人たちがいた。インドネシア政府の役人は、その身体的、言語的、文化的特徴から、かれらをプリブミとまるで区別できなかった。しかし、それでも、政府はかれらをチャイニーズと見なし、そう扱った。

つまり、これまで述べてきたことをまとめて言えば、チャイニーズをチャイニーズたらしめるものはきわめて多様であり、土地によっても違う。「中国」を統治する国家がこれを一義的に決めるなどありえない。またチャイニーズは、「中国」と同様、きわめてハイブリッドな存在であり、「中国」の名の下、さまざまに試みられた政治的動員とその産物としての華僑も、東南アジアのチャイニーズのアイデンティティ形成において、ごくマージナルな意義をもったにすぎない。

それが具体的にどういうことかを理解するには、歴史を振り返ればよい。「中国」（近代中国）は一九世紀半ばから二〇世紀半ばの「乱」の時代に生まれた。「中国三千年の伝統」という神話は、「中国」における統一国家の理想と「乱」の現実の間で生まれたものだった。中国（中華人民共和国）は清の領域を継承し、そこにはチベット、新疆ウイグルのように、明の時代には、その外にあったところもある。それがハン（漢）ナショナリズムとより包括的なナショナリズムの緊張を生む。

また、「中国」の周辺には、ときにそこに包摂され、ときにそこから排除される二つの元植民地、かつてイギリス支配下にあった香港と日本支配下にあった台湾がある。香港と台湾は、冷戦の時代、中国（中華人民共和国）が「自由アジア」の外にあって、アメリカの封じ込め政策の対象となっていた時代には、非常に大きな意義をもった。この時代、中国の外のチャイニーズにとって、「中国」とは、台湾、香港の中国語（国語、広東語、福建語）の映画で表象される「中国」だった。

さらに、冷戦の時代には、台湾（中華民国）と中国（中華人民共和国）は、その支配領域の外にあるチャイニーズの支持を求めて激しく争った。たとえ、中華民国が「自由アジア」で「中国」の正統政府と承認されていても、だからといって、「自由アジア」のチャイニーズが、みずからの祖先と出身地と出自の記憶、つながり、愛着を捨てることなどありえない。しかし、一九五〇年代から七〇年代には、中華人民共和国は社会主義／共産主義と同一視され、「自由アジア」のチャイニーズと中華人民共和国の交流はきわめて制限されていた。その意味で、ワン・ガンウーの指摘する通り、「チャイニーズとはなにか」という問いは常に、いくつもの中心によって定義された。

「日本化」と「アングロ・サクソン化」

「中国」がそもそもきわめてハイブリッドな存在であるということは、逆に言えば、ハイブリッド化のプロセスの理解なしに、「中国」を理解することはできないということである。これは、実は、近代中国に限ったことではない。「中国」の歴史が中央アジアとのハイブリッド化の理解なしに理解できないことは、近年、つとに指摘されることである。

近代中国の形成について特徴的なことは、ハイブリッド化が海のアジアを介して進展したことである。このハイブリッド化は、言語的には、英語と日本語によって媒介された。一九世紀末から一九三〇年代にかけて、海のアジアでは、英国がヘゲモニーを掌握し、日本がときとともに、これに挑戦するようになったからである。つまり、最近あまりはやらない「西欧の衝撃」という表現を使って言えば、「中国」は、成層圏のどこか、非常に空気の薄いところで「西洋の衝撃」を受けたのではなく、きわめて具体的に、海のアジアから、英語と日本語に媒介されて、それを受けたのだった。

その事情は、日本と日本語についてはよく知られている。日本と「中国」の間の文化の流通は、日清戦争（一八九四—九五年）以降、はっきり逆転し、一九世紀末から一九二〇年代まで、きわめて多くのチャイニーズが日本に留学した。その数は欧米に留学したチャイニーズよりも多い。

かれらは日本語の翻訳語、日本語からの借用語を中国語に持ち込み、「西洋」を言説のレヴェルで構築し、これに対置するかたちで「中国」を作り出した。今日、「中国」の政治、経済、社会、文化を支えるきわめて多くの概念は、こうした日本語からの借用語と英語から中国語への翻訳を介して「中国」のものとされている。中国語の借用語のうち、日本語からの借用語は、その半分以上を占め、人文社会科学関係の用語では、日本語からの借用語が七〇％に達する。

しかし、それでも、「中国」における「西洋」の構築が日本語と英語に媒介されたこと、つまり、一見、圧倒的に「日本化」のプロセスと見えるときにも、どこかに英語が染み付いていたことは忘れない方がよい。

それを見るには、イデオロギー的に「英語化」あるいは「アングロ・サクソン化」のおよそ対極にあった一九世紀末、二〇世紀初頭のアジア主義者たちの言語状況を考えればよい。一九世紀末、二〇世紀初頭、「明治」アジア主義者の国際的ネットワークのハブとなったのは、都市で言えば、横浜、香港、シンガポール、バンコク、サンフランシスコなど、人物としては、金玉均《キムオクキュン》、犬養毅《いぬかいつよし》、宮崎滔天《みやざきとうてん》、孫文、ファン・ボイチャウ（潘佩珠）などで、かれらの多くは中国古典の素養を共有し、漢字・漢語の筆談によって意思を疎通した。しかし、同時に、末広鉄腸《すえひろてっちょう》の『啞の旅行』に見る通り、鉄腸の表現を借りれば「プー・プー・パー」の英語による意思疎通もきわめて重要で、これが鉄腸とホセ・リサール、孫文と安駉寿《アンキョンス》とマリアノ・ポンセを結びつけた。また、孫文がアジア主義者のネットワークの大ハブに成長したのも、その人物の魅力に加え、かれがアジア主義者としては例外的に、流暢《りゅうちょう》な英語を話したことによる。

孫文はハワイで英語を学んだ。孫文はその意味で、一九世紀末以降、天津、上海、広州、アモイ、香港からマニラ、シンガポール、ペナン、バタヴィア、スマランなどに登場するようになった、英語を流暢に話すチャイニーズ、この時代、イギリスの植民地支配下にあった香港、シンガポール、ペナンなどでときに使用された表現を借りれば、「アングロ・チャイニーズ」の一人だった。かれらの多くは、ミッション・スクールで英語教育を受け、医者、エンジニア、法律家、大学教師、その他のプロフェッショナル（専門職業者）、あるいはビジネスマンとなり、一九世紀末から二〇世紀半ばまで、イギリスのヘゲモニー下にあった海のアジア、言語的には、英語、オランダ語、スペイン語、ポルトガル語、フランス語、タイ語、福建語（閩南語）、広東語、潮州語、マレー語、ジャワ語、タガログ語、セブアノ語など、きわめて複雑で錯綜した多言語状況の下、英語を学ぶことで、国境を越え、「民族」の言語的境界を越えて、活躍した人たちだった。

東南アジアにおいて、そういうアングロ・チャイニーズの代表とも言うべき人にリン・ブンケン（Lim Boon Keng 林文慶、一八六九—一九五七年）がいる。かれは、シンガポールのラッフルズ・カレッジを卒業して英国に留学し、エディンバラ大学を卒業した医者で、一九世紀末、二〇世紀初頭、シンガポールを拠点として、英領マラヤ、オランダ領東インドにおける儒教復興（孔子教／孔教）運動の中心人物となり、孫文のシンガポール到来時にはその友人となった。のちアモイ大学の学長も務めた。

かれは、英語の本で「中国」とその古典について学び、かれ自身、シンガポールでもイギリスでも、チャイニーズと見なされるという現実の中、みずからチャイニーズのアイデンティティを創出しようとした。かれにとって、チャイニーズであることは、服装、弁髪といった外形とは無縁だった。かれは、儒教（孔子教＝Confucian religion）をキリスト教と同等の「普遍的」哲学と位置づけ、これこそ、二〇世紀の「進歩」の時代に、チャイニーズをチャイニーズたらしめる道徳的基礎と人格的規範を提供するものとした。かれはまた、孔子教の教育と並行して、科学教育もふくめ、近代的カリキュラムにしたがった近代的教育を提唱した。かれは、一九二六年、アモイ大学の学長時代の講演で、儒教復興に「中国」の近代化を展望し、その意味でかれの立場は、魯迅《ろじん》に典型的に見るような、伝統に叛旗を翻すかたちで「中国」の近代を構想する思想的立場とは対極にあった。しかし、それでも、リン・ブンケンが、魯迅と同様、きわめて近代的なチャイニーズであったことに疑問の余地はない。

孫文、リン・ブンケン以外にも、第一世代のアングロ・チャイニーズには、「中国」の内と外で、まさにバイリンガルであるがゆえに、縦横に活躍した人が少なくない。

たとえば、ク・ホンミン（Ku Hung-ming 辜鴻銘、一八五七―一九二八年）は、福建省出身の父親とポルトガル人の母親を両親としてイギリス海峡植民地のペナンに生まれ、プランテーション経営者のイギリス人に引き取られてエディンバラ大学で文学を学び、その後、ドイツのライプチヒ大学大学院で土木工学を修め、パリにも留学した。かれは、一八八〇―八三年、シンガポールで海峡植民地政庁に勤務したあと、一八八五年、中国（清）に渡って張之洞《ちょうしどう》の幕閣となり、一九一五年には北京大学教授となった。かれは英語、中国語（おそらく福建語と国語）、フランス語、ドイツ語に通じ、儒教、その他、中国の古典を英語に翻訳し、清に忠誠を尽くし、儒教によって西欧文明に対峙《たいじ》しようとした。

もう一人、リ・テンフイ（Lee Teng Hwee 李登輝、一八七二―一九四七年）はバタヴィアの生まれ、シンガポールのアングロ・チャイニーズ・スクールに学んだあと、アメリカのイェール大学に留学した。卒業後、バタヴィアに戻り、イェール学院を設立、リン・ブンケンの孔子教運動の一環として一九〇〇年、バタヴィアに設立されたＴＨＨＫ（Tiong Hwa Hui Koan 中華会館）付属の学校で先生となり、のち、ペナン、そのあと上海に渡って、一九一七年、復旦《ふくたん》大学設立に際し、その初代学長に就任した。

こうしてみれば、「中国」とチャイニーズの形成において、日本語と英語と中国語（国語）の相互作用の決定的重要性は明らかだろう。

これは、中華人民共和国の起源、つまり、「中国」における社会主義の導入についても言える。石川禎浩（『中国共産党成立史』）の研究が示すように、一九一九―二一年の時期、マルクスとエンゲルスをはじめとするマルクス主義文献で中国語に翻訳された一八点のうち、実に一三点は、『共産党宣言』をふくめ、日本語からの翻訳だった。日本人無政府主義者、マルクス主義者の著作も、幸徳秋水《こうとくしゅうすい》、大杉栄《おおすぎさかえ》、河上肇《かわかみはじめ》などのものをふくめ、中国語に翻訳され、中国、朝鮮、ヴェトナムで読まれた。しかし、一九二〇年代半ば以降、日本国内における社会主義、共産主義の弾圧とともに、社会主義、共産主義文献は、租界で、英語（米語）から直接、中国語に流入した。

また、これに関連して、一九二〇年代半ば以降、上海がいかに東アジアの社会主義、共産主義の運動にとって重要となったかも、指摘しておくべきだろう。上海は、この当時、中華民国、共同租界、フランス租界の管轄下にあり、言語的には、まさに中国語と日本語と英語の交叉する空間だった。一九二〇年代から三〇年代、東アジアの共産主義運動で活躍した人たち、タン・マラカ（インドネシア共産党初代議長）、グエン・アイ・クォック（ホー・チ・ミン）、イレーヌ・ヌーラン（コミンテルン極東局員）、アグネス・スメドレーといった人たちは、英語を共通の言語として、上海のコミンテルン極東局とリンクを張りつつ、それぞれネットワークのハブとなり、同じことは、周恩来《しゅうおんらい》、鈴江《すずえ》言一《げんいち》など、中国共産党、日本共産党のハブについても言えた。

中国語（国語）、日本語、英語の相互作用は、「中国」の外、フィリピンにおける革命、オランダ領東インドにおけるチャイニーズ（特にプラナカン）の政治的覚醒などを理解する上でも、きわめて重要である。フィリピン革命に際し、一八九八年、香港にあった革命委員会の指令を受けて、マリアノ・ポンセが横浜に到来し、孫文、宮崎滔天、犬養毅、中村弥六《なかむらやろく》、川上操六《かわかみそうろく》等の支援を得て、日本政府から武器調達を試みたことはよく知られている。

またオランダ領東インドのチャイニーズは、先にも述べた通り、一九〇〇年、リン・ブンケンの孔子教運動の影響下、中華（チャイニーズ）の名を冠した東インド最初の社会教育団体、THHKをバタヴィアに設立し、その付属学校では、日本に留学した（主として大陸出身の）チャイニーズが中国語（国語）と英語の教育を行った。使用された教科書は横浜で出版されたもので、これは本来、横浜のチャイニーズが、孫文の影響下、自分たちの子弟の教育のために横浜に設立した学校（大同学校）の教科書だった。この当時、オランダ領東インドの国家語はオランダ語と公用マレー語だった。しかし、THHK付属の中華学校では、オランダ語ではなく英語を教え、一九二〇年代から三〇年代以降、その卒業生の中から、ニョー・チョンセン（一九〇二―一九六二年。マドゥラの生まれ。一九三〇年代、マレー語作家として、英語作品を翻案した多くの作品を出版し、一九四〇年代以降は、映画監督として活躍した）ほか、多くのアングロ・チャイニーズを生むことになった。

アングロ・チャイニーズの台頭

日本は、第二次大戦に敗北し、大日本帝国は解体した。また、海のアジアにおけるヘゲモニーは、第二次大戦後、イギリスからアメリカに移行した。これにともない、この地域における政治と言語の状況も大きく変化した。第二次大戦後、この地域で近代を媒介する言語となったのは英語（米語）だった。日本語は一九八〇年代から九〇年代、日本モデルが大いに喧伝された時代を別として、その地位を失った。

冷戦の時代、とりわけ一九五〇年代から一九七〇年代にかけて、東南アジア、特にアメリカを盟主とする「自由アジア」のチャイニーズは、新たに独立した国民国家の下、中国（中華人民共和国）とのリンクを政治的、経済的にはもちろん、社会的、文化的にも切ることを求められた。

これは、たとえば、スハルト新秩序体制下（一九六六—九八年）のインドネシアで頂点に達し、インドネシアのチャイニーズは、言語も、文字も、儀礼も禁止され、経済的にもさまざまの制約を課されることになった。こうした措置は、チャイニーズのインドネシア社会への同化／統合を促進した。その一方、インドネシアのイスラム主義者がチャイニーズをユダヤ人と同一視することに象徴的に見るように（アラブとイスラエルの対立は、インドネシアでは、プリブミとチャイニーズの対立に等置される）、チャイニーズはプリブミ（土地の子）を定義する「他者」とされ、それ自体、きわめて政治的な範疇となった。

一方、フィリピンでは、一九七〇年代、中国との外交正常化とチャイニーズの経済的台頭によって、フィリピン・チャイニーズの社会的地位は大きく変化した。フィリピン政府は、一九七五年、中国との外交関係正常化措置の一環として、フィリピン居住のチャイニーズに一定の条件下、フィリピン国籍を付与することを決定した。この結果、フィリピンのチャイニーズ、特に中産階級の多くは、フィリピン国籍を取得し、フィリピン大学などで高等教育を受け、フィリピノと社会的接触をもつようになり、ときとともに、みずからをフィリピノと受けとめるようになった。

東南アジアのチャイニーズはこうして、ときとともに、政治的、社会的、文化的に「中国」から離れ、タイ人、マレーシア人、シンガポール人、フィリピン人、インドネシア人などとなっていった。しかし、それは、かれらがチャイニーズであることを否定するものではないし、実際、中国（中華人民共和国）の経済的台頭、東南アジアと中国の経済関係の深まりとともに、中国語（普通話）を学び、チャイニーズとしてのアイデンティティを強めつつある人たちも少なくない。では、いま、どのようなチャイニーズが台頭しつつあるのか。

一言で言えば、きわめてハイブリッドなチャイニーズである。一九世紀末から二〇世紀前半、イギリスのヘゲモニー下にあった海のアジアでは、ペナン、シンガポール、香港、上海などで、英語で教育を受け、医者、エンジニア、法律家、大学教師、ビジネスマンなどとなったアングロ・チャイニーズが登場し始めた。いまでは、そうしたアングロ・チャイニーズは、エリートだけでなく、中産階級においても、ごく一般的な存在となりつつある。

これは、シンガポール、マレーシア、フィリピン、香港のように、英語が日常、公用語として使われるところだけのことではない。台湾ではおそらく一九六〇年代から、インドネシア、タイなどでも一九七〇年代には、英語が広く学ばれるようになり、チャイニーズも、チャイニーズでない人たちも、ますます多くの人たちが、アメリカ、オーストラリア、イギリス等の大学、大学院で教育を受けるようになった。言語状況は国によってもちろん違う。しかし、一般的に言えば、東南アジアの国々の言語と英語を流暢にあやつるバイリンガルの人々が増えており、また若い世代のチャイニーズの間では、それに加え、福建語、広東語、潮州語などの地方語ではなく、中国語（普通話）を学んだトリリンガルの人々が増えている。

つまり、ごく単純化して言えば、東南アジアのチャイニーズ、特にそのエリートと中産階級の人たちは、ますますアングロ・チャイニーズとなりつつある。アングロ・チャイニーズということばは、本来、東南アジア、主にイギリス植民地支配下にあったペナン、マラッカ、シンガポールにおいて、しかし、それ以外にも、バタヴィア、マニラ、香港、上海などで、チャイニーズの商人の子弟を英語で教育したミッション・スクールの名称として使われた。こうした学校では、たとえば、バタヴィアのTHHK付属の学校に見るように、儒教の古典と中国語（国語）、数学や会計とならんで、英語が教えられ、卒業生はときに中国、さらには英米の大学に留学した。アングロ・チャイニーズは、その意味で、ラッフルズの時代以来、イギリスのヘゲモニーの下にあった海のアジアの産物であり、かれらは、第二次大戦後、アメリカのヘゲモニーの下、東アジアの地域的な経済発展と中産階級の台頭する中、ますますその勢力を拡大していると言える。

そして、ここで重要なことは、もちろん、イギリスからアメリカへのヘゲモンの交代における言語（英語）の連続性である。第二次大戦後、アメリカがヘゲモンとして登場するはるか以前に、東アジアでは英語の言語的ヘゲモニーが確立されていた。その上に、ハリウッド映画とアメリカのテレビ番組が、一九五〇年代以降、アメリカ的ライフスタイルを「豊かな生活」として提示し、また東南アジアのテクノクラットをはじめとするエリートは、アメリカの大学で教育を受け、アメリカ人と同じ言語、同じ波長でものを考え、行動するようになった。

われわれはいま、東アジアにおいて、リチャード・リー、アンソニー・サリム、マギー・チャン、トミー・コー、その他、アングロ・サクソンの名前をもつチャイニーズが、ビジネスはもちろん、文化でも、社会でも、さらには政治の世界でも、活躍していることを知っている。かれらはアングロ・サクソン的な考え方、行動様式、ビジネスのやり方を自分のものとして身につけ、現地の社会と国際社会のインターフェイスにおいて、まさに架け橋となる。また、「アングロ・サクソン化」は、東南アジアのチャイニーズばかりでなく、チャイニーズでないインドネシア人、タイ人、日本人、韓国人、台湾人などにもおこっているし、最近では大陸のチャイニーズでもおこっている。

つまり、別の言い方をすれば、中国の台頭とともに、東南アジアのチャイニーズがこれから大陸のチャイニーズのようになるといったことはまずありえない。一九世紀末以来、この一世紀余の海のアジアの歴史を見れば、この地域でチャイニーズの主流となっているのはアングロ・チャイニーズであり、この趨勢は、グローバル化とともに、これからますます進展する。

中国（中華人民共和国）の経済的発展は、確かに大きなビジネス・チャンスである。したがって、アングロ・チャイニーズの間でも、これからもっと多くの人たちが中国語（普通話）を学ぶようになるだろう。しかし、かれらにとって、機会は大陸だけにあるのではないし、まして、大陸のチャイニーズがかれらのモデルとなることなどありえない。かれらが中国語（普通話）を学ぶとすれば、それは英語の次の言語として学ぶのであり、かれらの最大の資産は、バイリンガル、トリリンガルとして、文化的、社会的、経済的、そして政治的に、現地の社会と国際社会のインターフェイスとなり、またどちらの世界でも自由に行動できることにある。

では、東南アジアのチャイニーズがこれからますますアングロ・チャイニーズとなっていくとして、大陸のチャイニーズはこれからどう変わっていくのか。グローバル化の趨勢、中国（中華人民共和国）の経済的台頭、国境を越えたヒト、モノ、カネ、情報の流通を考えれば、大陸のチャイニーズ、特にそのエリートの「アングロ・サクソン化」はおそらく確実に進むだろう。

その兆候はいくらでもある。中国共産党中央委員会執行委員九名のうち、八名は子どもをアメリカの大学で教育している。中国の富豪の中には、シンガポールで子どもを教育しようとする人たちが増えている。英語と中国語（標準語）の二言語で教育できるからである。中国の一流大学で教授される経済学、国際政治学は、事実上、アメリカの経済学、国際政治学となっている（ただし、中国共産党中央党校はモノリンガルの世界にとどまっている）。つまり、海のアジアのバイリンガル、トリリンガルの言語状況が少しずつ大陸に広がっている。

ふたたび、「中国」とチャイニーズについて

チャイニーズは、どこにいても、その政治的忠誠心が問題にされる。冷戦の時代、中国本土に戻る夢をもてなくなった人々の中には、それでも、自分たちは「とりあえず」ここに住んでいる、と考える人も少なくなかった。しかし、その子どもたちの世代は、フィリピン、タイ、インドネシア、その他、自分たちの住む東南アジアの国々を「終《つい》のすみか」とし、「中国」は、台湾、香港で製作される映画、テレビ番組、新聞、ニュースなどに媒介され構

成されるイメージとなった。つまり、かれらは、自分たちが生まれ育った土地と社会と国家、台湾（中華民国）と中国（中華人民共和国）、そのどれを選ぶというわけでもなく、メディアによって媒介され構成される「中国」を基礎に、みずから、インドネシアのチャイニーズ、タイのチャイニーズといったかたちで、そのアイデンティティを作り上げた。

では、そのとき、「中国」はいかに表象されたのか。

それには香港映画を見ればよい。香港が上海に代わって、東アジアにおける映画製作のハブとなるのは第二次大戦後のことで、その黎明期には、香港の映画製作は東南アジアのチャイニーズの資本と配給ネットワークに大きく依存した。しかし、一九五〇年代から六〇年代には、東南アジアにおけるナショナリズムの高揚とともに、香港映画の配給に制限が加えられ、台湾が香港映画の主たる市場、そして資本の提供者となった。つまり、別言すれば、冷戦の時代、香港映画は、アメリカを盟主とする「自由アジア」をその市場とすることに成功した。台湾の国民党政府が香港映画を「国民映画（ナショナル・シネマ）」とし、多くの中国語（国語）映画が香港で製作されたためである。

また、日本も常に、香港映画とともにあった。一九五〇年代以降、日本の映画、音楽、マンガ、アニメが台湾、香港に流入するにつれて、香港では日本の時代劇をモデルに映画が製作され、台湾では演歌をモデルに歌謡曲が作られた。また、テレサ・テンに見るように、チャイニーズの歌手の中には、まず日本で成功し、そのあと中国語（国語／普通話）、広東語、英語、さらには韓国語、ヴェトナム語、インドネシア語などで成功するスターも出てきた。香港映画の発展に貢献した日本人の映画人も、カメラマンから俳優まで、少なくない。また、香港映画のロケの舞台となったのは、東京、シンガポール、ソウル、台北、マニラ、サイゴンなど、まさに「自由アジア」の拠点だった。つまり、一言で言えば、冷戦の時代、香港映画の製作と配給のすべては「自由アジア」の枠内で行われた。

中国（中華人民共和国）は、一九七〇年代末以降、東アジア／世界経済に統合された。しかし、映画の世界で中国の資本と俳優と配給ネットワークが重要となるのは、一九九七―九八年の東アジア経済危機のあとのことで、二〇〇〇年代に入って初めて、香港の映画産業において、中国の資本と俳優が、台湾の資本と俳優と同じ程度の重要性をもつようになる。

中国資本と中国映画人の香港映画産業への参入は、香港映画に「香港と中国の間の歴史的、文化的絆の再訪、再発見、再発明」の機会をもたらした（エリック・マー）。しかし、それと同時に、東アジアにおけるヒト、モノ、カネ、情報、企業の国境を越えた移動と交流と連携を反映して、これは日本人、これは台湾人、これは香港人と、そう簡単にはカテゴリー分けできない映画人も増えている。その好例が金城武であり、かれは日本国籍をもち、日本人を父、台湾人を母として生まれ、中国語（国語）、福佬《ふくろう》語（福建省の地方語の一つ）、日本語、英語、広東語を流暢に話し、日本で歌手としてデビューし、台湾でスターとなり、香港、日本の映画に出演するようになった。

また、これは、香港映画産業だけのことではない。今日、東アジア地域化のエンジンは、中国と中国以外のアジアとアメリカの三角貿易のシステムそのものの中に埋め込まれている。ヒトもモノもカネも文化も、このシステムの中で流れる。中国の学生が日本に留学する、台湾のマンガ家が日本でその作品を発表する、日本人が韓国で韓国人スターを追いかける、中国のテレビ局が日本のテレビ番組のフォーマットをつかって番組を製作する、シンガポール人の歌手が台湾でデビューする、フィリピン人が台湾のポップ・アイドルに熱狂する、シンガポール人が台湾、香港のファッション・トレンドを追いかける、日本人がインドネシアでアイドル・グループを作る、韓国人がフィリピンで英語を学ぶ、こういったことが東アジアの現実であり、中国（中華人民共和国）が東アジアに統合されるとは、大陸の人々もこういう文化の流れにますます入ってくるということである。

こうしてみれば、このグローバル化と地域化の時代に、「中国」とチャイニーズがこれまで以上に多義的となり、浮遊しているとしても、驚くにはあたらないだろう。中国共産党も、中華人民共和国も、その他のいかなる国家も、団体も、中国＝チャイナとはなにか、チャイニーズとはだれか、なにがチャイニーズをチャイニーズたらしめるか、といった問いについて、これが答えだと、一義的に定義し、表象する力も権威ももたない。

近年の経済的飛躍によって、中華人民共和国の威信は上がっている。しかし、だからといって、中華人民共和国が、チャイニーズとはなにかを表象する文化的な力をもつようになったわけではない。人によっては、孔子学院の「成功」を見て、中華人民共和国のソフト・パワーを語る人もいる。しかし、それは、中華人民共和国政府の資金援助を受けて、中国語（普通話）の受講者が増えているというだけのことである。中国（中華人民共和国）がこれからますます経済的に発展すると予想／期待される現在、中国語（普通話）を学ぶことは投資として悪くない。しかし、それは、中国（中華人民共和国）の文化的魅力が拡大しているということではないし、まして東南アジアのチャイニーズがふたたび、大陸のチャイニーズのようになりつつあることではない。

では、中国の経済的台頭とともに、東南アジアのチャイニーズにとって、中国＝チャイナはどのような意味をもつようになっているのか。これをうまく説明することは難しい。しかし、あえて言えば、かれらは、中国＝チャイナとはなにか、チャイニーズをチャイニーズたらしめるのはなにか、そういったかれらのアイデンティティの根幹に関わる問いについて、中国（中華人民共和国）の文化的権威を受け入れることなく、しかし、その一方で、東南アジアにおける中国＝チャイナとチャイニーズを見る人々のまなざしの変化を踏まえ、まさに文化的企業家精神の発露とでも言えばよいだろうか、実にさまざまに中国＝チャイナを売っている。

その一例が、バンコクの北西、スパンブリー県の「龍の子孫の博物館」である。これは、かれ自身チャイニーズであるバンハーン・シラパアーチャ（「中国」名、馬徳祥《ばとくしょう》）元首相の考案によるもので、タイ・中国外交正常化二〇周年の際に構想され、二〇〇八年に完成した。

龍の子孫の博物館（ハウ・カロライン撮影）

宋代の名裁判官・包公（同上）

ここでは、「中国五千年」の歴史が、周、秦、漢、三国時代、隋、唐など、王朝とともに語られ、たとえば、宋は包公（包拯《ほうじょう》、Judge Pao）、清は幼帝溥儀《ふぎ》によって代表される。そのベースとなっているのは、台湾、香港、中国本土で大いにヒットした台湾のテレビドラマ「包青天」の包公であり、「ラスト・エンペラー」の溥儀である。

同じことは、マレーシアのリリアン・トゥー（Lillian Too）、タイのチットラー・ゴーナンタキアット（Chitra Konuntakiet）についても言える。かれらは中国＝チャイナをビジネスとして見事に売っている。

リリアン・トゥーはペナンの出身、ハーヴァード・ビジネス・スクールを卒業して、女性として初めて香港の銀行（道亨銀行）の頭取を務め、そのあと「ワールド・オヴ・風水(World of Feng Shui)」を創設した。この会社は風水の英語本をウェブで販売し、そのマーケットとなっているのは「三〇〇〇万人の英語を話す、チャイニーズ以外のアジア人」である。

一方、チットラーはタイのチュラロンコン大学を卒業後、アメリカの大学で修士号をとり、コラムニスト、ラジオ・パーソナリティ、小説家となった。『老人から学ぶチャイニーズの知識』『チャイニーズの子ども』『哲学九話』等、彼女の作品は中国＝チャイナとその文化を語り、それぞれ五〇万部以上の売り上げを誇る。

しかし、リリアン・トゥーにおいても、チットラーにおいても、かれらの表象する中国＝

チャイナは、大陸の党国家のお墨付きを得た中国＝チャイナとはまるで違う。リリアン・トゥーの商品である風水は、台湾、香港、さらには東南アジアのチャイナタウンに伝わる慣習、俗信に根ざしている。またチットラーの語る中国＝チャイナの文化と慣習、その現状と過去の記憶は、もっぱら潮州人の父親のタイにおける移民としての体験に根差したものである。

また、さらに言えば、中華人民共和国において表象される中国＝チャイナもまた、中国（中華人民共和国）の外でさまざまに表象される中国＝チャイナ像からまったく自由であるわけではない。たとえば、中国中央テレビで放映されたテレビ・ドキュメンタリー「河殤《かしょう》」（River Elegy 一九八八年）をめぐる論争では、陸と海の空間的比喩を使って、万里の長城に象徴される「伝統的」「中国」の文化的閉鎖性と黄河の流れ込む海の世界の開放性が対置された。

中国（中華人民共和国）とその外の世界の地域的なリンケージ、あるいは中国（中華人民共和国）とその外で共有される地域的ライフスタイルなどを題材とする映画も作られている。その一例が大陸の映画会社が製作したロマンティック・コメディ、「恋愛前規則」（My Airline Hostess Roommate 二〇〇九年）で、ここでは、北京に住むフライト・アテンダントが、そのルームメイトで、日本のアニメをモデルにかわいいネコの絵を描いている台湾人のアーティストと恋に落ちる物語が描かれる。さらに、中国（中華人民共和国）政府自体、テレビ・

アニメ「喜羊羊与灰太狼（シーヤンヤンとホイタイラン）」の製作では、台湾、香港を経由して普及した日本のアニメの「文法」を採用した。このアニメは二〇〇五年の放送開始直後から中国全土で大ブームになり、作品数は七〇〇を超え、二〇〇九年には映画化された。文具や衣服などキャラクターグッズの売れ行きも上々という。これまですでに一三カ国で放映され、最近、米ウォルト・ディズニーと提携することも決まった。

同じことは、地方レヴェルでもおこっている。たとえば、中国（中華人民共和国）の地方政府が、その革命的正統性に代えて、その「伝統的」「民衆的」系譜をさかのぼり、地方的／地域的アイデンティティを強調するようになれば、またそうしたアイデンティティが観光などにおいてビジネスとして意義をもつようになれば、中国＝チャイナはますます多義的とならざるをえない。

実際、アモイの観光業者は、台湾、香港、東南アジアからの観光客誘致のために、アモイがどれほどハイブリッドなところか、そのハイブリッド性を文化資産として売り出している。たとえば、厦門閩南旅游文化産業有限公司（Xiamen Min'nan Tourism and Culture Industry Co.）はアモイの国際性と地方文化の豊かさを強調し、中国語、英語、日本語のパンフレットを作成して、音楽とダンスで「閩南の魅力（Magic Min'nan）」を歌い上げる。ここで表象される閩南は、海のシルクロードの出発点としてのアモイ、改革・開放の先頭に立った閩南、台湾海峡の対岸としての閩南、そうしたものとして台湾と南シナ海と「西洋」に開かれた閩南、陸のアジアを海のアジアにつなげるアモイである。

こうしてみれば、中国＝チャイナとはなにか、チャイニーズとはだれか、こうした問いをめぐって、常に集中と分散の力が作用しており、そうした力の場において、東南アジアのチャイニーズは大陸のチャイニーズの文化的正統性の主張に反応し、またみずからの態度を決めていることが理解できるだろう。

たとえば、中国人民政治協商会議広州委員会は、二〇一〇年のアジア大会に向けて、広州のテレビ番組に占める広東語の比率を減らし、中国語（普通話）の比率を増やすことを提案した。この提案は香港、広州で直ちに激越な反対を招き、たとえ党の方針であっても、地方語の使用についてその政治的意思を押しつけることがいかに難しいかを如実に示すことになった。

これは、中国（中華人民共和国）の外、党国家の直接支配の外にあるところでは、ますます難しくなる。大陸のチャイニーズはときに、東南アジアのチャイニーズを「文化的に劣っている」と見下す。一方、東南アジアのチャイニーズは、自分たちは祖先から地方の「中国」文化を継承している、自分たちの祖先は「むかしからの」慣習、習俗、儀礼を東南アジアに移植し、したがって、大陸のチャイニーズが社会主義中国の下でとっくに失ってしまった正統的な「中国」を継承している、と主張する。あるいはまた、マレーシアの華語紙『光華日報』は、中華人民共和国でも中華民国でもない、それより一段上の立場から、「中国」の名において、香港返還と台湾問題の解決を訴えた。さらに、あるインターネットのサイトでは、「四九〇〇万人の福建語話者」の名において、閩南「方言」こそ、かつて唐の時代の帝国の言語であり「祖先の言語」である、その証拠に、日本語、韓国語には、その語彙と発音において、閩南語と共通するところが多い、と述べて、中国語（普通話）を話す人々に対し、われわれ閩南語の話者は「バナナ」ではない、と言う。

こうした事例は、中国の台頭とともに、これまで長い間、福建語、広東語、潮州語等の地方語をアイデンティティの基礎に据えてきた東南アジアのチャイニーズが、いま、どのような文化的「圧力」の下に置かれているか、そしてそうした「圧力」の下で、中国＝チャイナとはなにか、チャイニーズとはだれか、といった問いについて、だれがなにを根拠にその答えを決めるのか、だれがいかにそれを表象するのか、そういう争いのあることを示している。

こうして、中国＝チャイナとチャイニーズはますます多義的となり、また多くの文化的サイトで表象されることになる。その対照的な事例が、上海に生まれ、現在、香港を拠点に活躍する王家衛《ウォンカーウァイ》の映画「２０４６」（二〇〇四年）と、陝西省《せんせい》出身で大陸を拠点にする張芸謀《チャンイーモウ》の映画「英雄」（HERO 二〇〇二年）だろう。

王家衛の「2046」では、香港にある場末のホテル「オリエンタル・ホテル」を舞台に、ひとりの作家がなにも変わらない未来についての小説を書き、その一方、かれが好意をよせるホテルの所有者の娘は日本人の男と恋に落ちて、日本に行ってしまう。この映画において王家衛は、日中関係を物語る言語を、戦争の過去についての国民的記憶（と忘却）の言語から家族と愛の言語に変換する。

また、それ以上に重要なこととして、この映画において、王家衛は、すべての登場人物に、かれらがもっとも話しやすいことばを話させる。その結果、この映画では、現実には互いに意思疎通の不可能な中国語（普通話）と広東語と日本語が、あたかも相互に理解できるかのように話される。この映画にリンガ・フランカはない。しかし、映画のスクリーンの上では、字幕として、すべての言語は観客に理解可能なかたちで提示される。ここでは、張芸謀の「英雄」、あるいは台湾出身のアン・リー（李安）の映画「臥虎蔵龍」（グリーン・デスティニー、二〇〇〇年）にあるような中国語（普通話）を頂点とした言語の政治的ヒエラルキーは見事に回避され、すべての言語がまさに平等に位置を占める。

一方、張芸謀は、「英雄」において、秦王に謁見を許された「無名《ウーミン》」に英雄たちの物語を語らせ、この「無名」と呼ばれる男＝ジェット・リー（李連杰）を通して、中華人民共和国から香港、さらにハリウッドに渡って、ついに中国（中華人民共和国）に戻る英雄を祝福する。また、この映画では、香港出身のトニー・レオン(Tony Leung 梁朝偉)とマギー・チャン(Maggie Cheung 張曼玉)も、チャイニーズ・アメリカンのドニー・イェン(Donnie Yen)も、中国=チャイナの犠牲になる。世界各地のディアスポラにあるチャイニーズは、こうしてすべて秦始皇帝=北京=中華人民共和国=中国映画の権威に跪《ひざまず》く。

まとめ

中国=チャイナとはなにか、チャイニーズとはだれか、チャイニーズをチャイニーズたらしめるものはなにか、だれがそれを決めるのか、こういう問いに答えはない。したがって、中国の台頭にともない、東南アジアのチャイニーズがふたたび、大陸のチャイニーズのようになるといったことは、理論的にそもそもありえない議論である。中国=チャイナとチャイニーズはきわめて多義的なことばであり、近代においてはまた、きわめてハイブリッドな存在でもある。

中国=チャイナとはなにかはこれまでも問われたし、これからも問われ続けるだろう。ここで述べたいことは、大陸ではチャイニーズであることがしばしば自明のことと受けとめられるのに対し、その外、特に東南アジアでは、チャイニーズは常に商業/資本と同一視され、また一九世紀末以降、海のアジアにおけるイギリス、そしてアメリカのヘゲモニーの下、アングロ・チャイニーズとなりつつあるということである。

中国の経済的台頭の中、中国語（普通話）を学ぶ人はこれからますます増えるだろう。しかし、かれらはすでにタイ人、インドネシア人、フィリピン人などとして、安定した社会政治的地位を享受しており、かつての「華僑」のように、中国＝チャイナの名の下、政治的に動員される可能性はきわめて小さい。そして中国＝チャイナがいかに表象されるにせよ、またチャイニーズとはだれかが、いかに人種（血）、言語、国家、領域などと分ち難く結びついているとしても、結局のところ、東南アジアのチャイニーズのアイデンティティ形成に決定的意義をもつのは日々の経験であり、父系出自の観念を軸に構成された時空の記憶と忘却である。

また、さらに言えば、中国（中華人民共和国）とその外で、国境を越えて、ますます多くのヒト、モノ、カネ、情報が交流するようになれば、中国本土においても、とりわけ沿岸部の都市の豊かな人たちは、教育、ライフスタイル、生活習慣、価値規範等において、農村に住む貧しい人たちとではなく、東アジアの都市の教育を受けたアングロ・チャイニーズをはじめとする中産階級の人々と、ますます多くを共有するようになるだろう。

中国（中華人民共和国）の経済的台頭とともに、おそらく中国語（普通話）を学ぶ人は増え、簡体字の新聞が普及し、中国のポピュラー文化、特に歴史ドラマがますます人気を博するようになるかもしれない。しかし、それとまさに同時的なプロセスとして、大陸のチャイニーズも変わりつつある。中国（中華人民共和国）の台頭とともに、中国＝チャイナとチャイニーズの意味も変わる。そして、そこで重要なことは、そうした変化はリニアなものではなく、その表象のプロセス、そこに作用する力、その可能性と限界がどう変わりつつあるか、常に考え、観察しておくことである。

結語に代えて

これまで述べてきたことをまとめると、およそ次のように言うことができる。

第一は、中国の台頭と東アジアの地域システムの変容である。東アジアでは、欧州と異なり、米国を中心とする地域的な安全保障システムと、中国、中国以外のアジア、米国の三角貿易を基盤とする地域的な経済システムの間に緊張がある。中国が経済システムに統合される一方、米国を中心とする安全保障システムの外にいるからである。その結果、東アジアでは、中国が台頭すると、安全保障と通商のシステムの間の緊張が高まる傾向にある。

しかし、それでも、このシステムはこれまで安定してきた。中国が党国家体制維持のために「経済成長の政治」を選択し、その論理的系として、中国の周辺環境安定のために「韜光養晦」を外交の基本に据えたためであり、またそれを踏まえ、日本と米国が、中国に対して関与とヘッジの戦略をとってきたからである。

これは、基本的に、現在も変わらない。しかし、近年、中国では多くの人々が非常に自信をもち、成熟するというより、ナショナリスティックになっている。また、それを受けて、党国家の中枢においても、集団指導体制下における「特殊利益」の台頭によって、政策決定における戦略的合理性が低下し、それとともに、最近の南シナ海の領土問題に典型的に見るように、周辺の国々の多くは中国台頭のリスクを強く意識するようになった。

その結果、オバマ政権の米国のアジア再関与の動きと相俟って、地域協力のダイナミズムが変化し、一九九七―九八年の東アジア経済危機以降、東アジアを枠組みとする、米国を排除したかたちの地域協力が進展してきたのに対し、二〇一〇年以降は、米国を入れ込んだアジア太平洋を枠組みとする地域協力が重要となりつつある。

第二は、近年の東アジア諸国の行動である。これはＡＳＥＡＮの国々を見ても、国ごとにずいぶん異なる。

タイは冷戦終焉以降、一貫して、インドシナ／大陸部東南アジアの市場統合を推進し、バンコクをそのハブにしようとしてきた。ＧＭＳ（大メコン圏）開発は、その意味で、タイにとって戦略的重要性をもち、中国が経済的に台頭し、その経済協力によってＧＭＳのインフラ整備が進展することは大いに歓迎である。

インドネシアは違う。インドネシアは非同盟中立を国是とする。しかし、歴史的に見れば、インドネシアの非同盟中立は常に、どちらかに傾斜した中立であり、最近は、静かに、しかし、はっきりと日米豪と連携しつつある。

ヴェトナムにとって、中国は富と力において圧倒的な差のある隣国である。したがって、ヴェトナムにとっては、この非対称性をいかに「管理」するかが対中政策の鍵である。ヴェトナムはこれを「てこ」で管理しようとする。ASEANの一国として中国に関与する、米国とインドを安全保障ゲームに引っぱり込んで中国とバランスをとる、日本と連携してインフラを整備する、これである。

ミャンマーにとっては、一九八〇年代末以降、最大の脅威は中国ではなく、米国だった。ミャンマーは、米欧の経済制裁下、タイと中国とインドを主要貿易相手として生き延びた。対中依存は米国の脅威をヘッジするコストだった。しかし、二〇一一年の民政移管以降、ミャンマー政府は国民和解と経済成長を国策の課題と設定し、その一環として、政治経済改革を推進し、国際的孤立からの脱却をはかっている。これが中国に対する過度の依存を避ける上でもプラスになる。こうした政策によって、ミャンマーが中長期的に、どれほど大きな行動の自由を確保できるか、これはかなりの程度、この「経済成長の政治」の成功にかかっている。

こうした事例を踏まえると、東アジアの国々が中国の台頭にどう対応しているか、なぜそういう行動をとっているか、これを説明する上で次の三つの要因が重要と言えるだろう。その一つは、各国が東アジアの安全保障システムに占める地政学的な位置である。米国を中心とするハブとスポークのシステムを与件として、安心して自分たちの安全保障政策を組み立てられる国と、それが脅威になる国では、中国の台頭に対する行動は非常に違う。もう一つは、これらの国々の経済が東アジア／世界経済にどれほど統合されているかであり、この統合の水準によって、国々の行動はかなり違う。そしてもう一つ、国内政治の要請がある。政治の目的は経済成長の達成にある、そういう合意が成立しているところでは、経済的に躍進する中国に関与しようというインセンティヴはもちろん大きくなる。

第三は、中国から国境を越えてヒト、モノ、カネ、企業等が東アジアに溢れ出す、そのトランスナショナルな効果である。その一例として経済協力を見ると、その中長期的安定性は各国の政治体制とエリート循環（エリートの交代が定期的におこっているかどうか）によってずいぶん異なるが、ラオス、ミャンマー等においては、かなり安定的な同盟が、中国とこれらの国々の政治エリート、ビジネス・エリートの間に形成されており、これもまた一つの理由となって、これまで日米欧を中心として作られてきた経済協力、政府調達のルールとは違うルールがこれらの国々では生まれる可能性がある。

これが現状である。問題は、こうした知見に、中長期的にどれほど意味がありそうか、その評価である。これを考える上で、まず、長期的趨勢をいくつか、指摘しておこう。

その一つは、長期的な富と力の分布の変化である。二〇〇七年、日本経済研究センターが発表した世界経済長期予測によれば、二〇〇〇年の購買力平価ドル・ベースで、中国の経済規模は二〇二〇年に日本の経済規模の四倍、二〇三〇年に五倍、二〇四〇年には六倍になる。また二〇二〇—四〇年には、中国の経済規模は米国のそれを凌駕する。インドの経済規模は二〇三〇年に日本の二倍、ASEANの経済規模も二〇三〇年には日本を凌駕する。

購買力平価ドル・ベースの経済規模が国力の尺度としてどれほど有用であるか、もちろん議論はある。国力を考えるには、経済規模以外にも、軍事力、産業力、科学技術力、教育水準、政治的リーダーシップなど、多くの要因を考慮しなければならないからである。しかし、それでも、二〇三〇年に、中国の経済規模が米国を凌駕して日本の五倍になり、インドの経済規模が日本の二倍、ASEANの経済規模も日本より大きくなれば、世界的にも地域的にも、富と力の分布はずいぶん変わり、世界秩序も地域秩序ももちろん変わる。

もう一つは、経済的相互依存である。このグローバル化と地域化の時代、いかなる国の経済も一国で閉じたものではありえない。中国の経済発展は海外からの直接投資に大きく依存し、その輸出依存度は近年、低下傾向にあるとはいえ、二〇〇九年現在で二四・五％に達する。また、シンガポール、マレーシア、タイ、ヴェトナム、韓国等ではもっと高い。この趨勢がこれから大きく変わることはおそらくない。

さらにもう一つは、都市化の趨勢である。世界銀行の長期予測によれば、日本を除く東アジアの都市人口は二〇〇〇年の八億人から二〇三〇年には一四億七〇〇〇万人に増加し、都市化率は六二％に達する。これは少なくとも政治社会的に二つのことを意味する。

第一に、都市における貧富の格差是正は、これまで以上に重要な政治課題となる。これに対処するには経済成長しかない。別言すれば、一九六〇—七〇年代以来、東アジアの政治を特徴づけた「経済成長の政治」、つまり、政治の目的は経済成長にあるという政治がこれからも持続する。

第二に、都市の中産階級はますます拡大する。ここで都市中産階級というのは、企業経営者、外資系企業・金融・情報・ハイテク産業等の管理職やエンジニア、医師・弁護士・会計士等の専門職業者（プロフェッショナル）、その他、高学歴・高収入の人たちのことである。その規模は、かりに二〇三〇年で都市人口の二〇％として、三億人になる。この人たちは東アジアの多くの国々で政治とビジネスを領導するとともに、都市システム、環境、社会サーヴィス、教育などにおいて、グローバルなものをごくあたりまえのこととして要求するだろう。また言語的には、かれらの多くは、タイ語、インドネシア語、韓国語などの母語に加え、英語とおそらく中国語（普通話）を理解するバイリンガル、トリリンガルとなり、かれらが正統と受け入れる規範が、政治においてもビジネスにおいても、（世界に開かれた）この地域の規範となるだろう。本書で論じた「アングロ・チャイニーズ」に引きつけて言えば、東アジアのエリートは、これからますます高等教育を受けた多言語のプロフェッショナルを主体とする「アングロ」となると言ってもよい。

これが長期的趨勢である。ではこういう趨勢に照らして、以上にまとめたような知見にどういう意味があるだろうか。

第一に、中国がいかに台頭しても、中国がこの地域において圧倒的な力をもつヘゲモンとして登場することはなかなか考えられない。これから一〇―二〇年で、中国の経済規模は購買力平価で見れば、米国を凌駕するだろう。しかし、それでも、米国とその同盟国、パートナー国が連携すれば、力の均衡が圧倒的に中国に有利になることはありえないし、まして、中国が東アジアにおいてみずから新しいルールと制度を作り、それを周辺の国々に押しつけることができるとは思えない。そこで注目すべきは、米国が長期的にヘゲモンとして東アジアの平和と安定と繁栄に関与する意思と能力をもち続けるかどうか、またそのリーダーシップの下、この地域の国々が「動的均衡」維持のために連携できるかどうかにある。

第二に、「海のアジア」と「陸のアジア」の勢力配置は確実に変わる。海のアジアは、中国にとって、一九世紀半ばまで、きわめてマージナルな意義しかもたなかった。海のアジアが中国の脅威となったのは一九世紀半ば以降、二一世紀たらずのことで、二一世紀初頭の現在、海のアジアは「米国の海」となっている。しかし、中国は、海のアジアにおける力の投射能力を高めつつあり、その行動も近年、ますます一方的となっている。この緊張はこれからも続く。また、それにともなって、予期しないかたちで紛争が暴発する可能性も大きくなる。

一方、GMS開発に見るように、中国は、高速道路、高速鉄道、港湾施設等のインフラ整備によって、静かに、しかし、不可逆的なかたちで、その影響力を国境を越えて周辺に、また内陸から沿海部に広げつつある。同じことは、北朝鮮、パキスタンについても言える。これは中長期的にアジアの地政学・地経学的条件を大きく変える可能性をもっている。

そして第三に、今日の国際秩序においては、かつての朝貢システムの時代とは違って、国際関係においても、それ以外の領域においても、形式的平等と自由・公平・透明性・法の支配の原則が広く受け入れられている。そうした規範とその上に成立する制度は、近年のグローバル化とそれに先立つ一世紀以上にわたる「アングロ・サクソン化」（イギリス化とアメリカ化）によって、英語を「世界語」としつつ、地理的にますます広く、また人口的にますます多くの人たちに共有され、支持されるようになった。そういう時代に、中国の台頭によって、世界的にはもちろん、東アジアにおいても、形式的不平等と序列（ヒエラルキー）を一般原則とする二一世紀型朝貢システムが復活する可能性は限りなくゼロに近い。また、歴史的に見ても、朝貢システムは、言語秩序そのものが破綻したとき（パガンの王と鎌倉幕府が元使を処刑し、徳川将軍が大君を名乗ったとき）、その秩序の限界を露呈した。「天下」の秩序はこの言語秩序の上に成立した。そしてこの言語秩序が今日、正統なものとして受け入れられる可能性はまずない。

また、さらに言えば、そういう秩序の基礎にある問い（中国＝チャイナとはなにか、チャイニーズとはだれか、チャイニーズをチャイニーズたらしめるものはなにか、だれがそれを決めるのか）にも答えはない。中国と中国人はこれまでも変わってきたし、これからも変わっていく。そうした中、中国＝チャイナとはなにかという問いは、これからも問われ続ける。

大陸では、チャイニーズであることはしばしば自明のことと受けとめられる。しかし、その外、特に東南アジアでは、チャイニーズは常に商業／資本と同一視され、また一九世紀末以降、海のアジアにおける英国、そして米国のヘゲモニーの下、アングロ・チャイニーズとなってきた。中国の台頭とともに、中国語（普通話）を学ぶ人はこれからも増えるだろう。しかし、かれらはすでにタイ人、インドネシア人、フィリピン人などとして、安定した社会政治的地位を享受している。また、国境を越えて、ますます多くのヒト、モノ、カネ、情報が交流するようになれば、中国本土においても、とりわけ沿岸部の都市の豊かな人たちは、教育、ライフスタイル、生活習慣、価値規範等において、農村に住む貧しい人たちとではなく、東アジアの都市の教育を受けたアングロ・チャイニーズをはじめとする中産階級の人々と、ますます多くのものを共有するようになるだろう。

中国(中華人民共和国)の経済的台頭とともに、中国語(普通話)を学ぶ人は増え、簡体字の新聞が普及し、中国のポピュラー文化、特に歴史ドラマがますます人気を博するようになるかもしれない。しかし、そうしたプロセスとまさに同時並行的に、大陸のチャイニーズも、中国=チャイナとチャイニーズの意味も変わっていく。

おわりに

中国の台頭とともに東アジアがどう変わりつつあるか、それを理解するにはどのように問題を立て、どのような事象を見ればよいか、こういう問題意識をもって、東アジア、特に東南アジアを訪れるようになってすでに一〇年近くになる。

本書は、そうした研究成果の一部をとりまとめたもので、Takashi Shiraishi, "The Rise of China and its Implications for East Asia" および Caroline S. Hau, "Becoming 'Chinese' in Southeast Asia" のタイトルで Peter J. Katzenstein, ed., *Sinicization and the Rise of China: Civilizational Processes beyond East and West* (London and New York: Routledge, 2012) に発表された論文を下敷きとしている。また第四章は、本書の刊行にあたり、新たに共同で執筆したもので、ここでは、第一―三章が二〇一―三〇年、第五章が一〇〇―一五〇年程度の時間の幅で中国と

東アジアを考察しようとしていることに鑑み、超長期の観点から比較史的に、同じ問題を考えることを試みた。

本書執筆においては、多くの人々にお世話になった。特に、第一—三章および第五章執筆のきっかけを作ってくれたピーター・J・カッチェンスタイン先生（コーネル大学教授）、草稿すべてに目を通し、初歩的な誤りを指摘していただくとともに、多くの貴重なコメントを賜った川島真先生（東京大学准教授）、宮一穂先生（京都精華大学教授）、そして中公新書編集部の宇和川準一氏にお礼を申し上げたい。

また、本書をその成果の一部とする多年の調査研究においては、多くの同僚、友人にお世話になっている。ここでは特に、Chris Baker、Chitra Konuntakiet、Kasian Tejapira（タマサート大学）、Keola Souknilanh（アジア経済研究所）、Khoo Boo Teik（アジア経済研究所）、Liu Hong（南洋工業大学）、Muhammad Lutfi（インドネシア駐日大使）、Nguyen Van Chinh（ヴェトナム国立大学）、Nidya Kartikasari（インドネシア外務省）、Pasuk Pongphaichit（チュラロンコン大学）、Wahju Prasetyawan（インドネシア世論調査機関）、相沢伸広（アジア経済研究所）、鬼丸武士（政策研究大学院大学）、小泉順子（京都大学）、原洋之介（政策研究大学院大学）、本名純（立命館大学）、工藤年博（アジア経済研究所）、宮田敏之（東京外国語大学）、佐藤百合（アジア経済研究所）、末廣昭（東京大学）、高原明生（東京大学）、横山早春（政策研究大学院大学）の各氏に心からお礼を申し上げたい。

なお、中国の台頭と東アジアの変容についての多年にわたる調査・研究は、科学研究費「東アジアの地域化と中産階級：アメリカ化・中国化・日本化（Regionalization and Middle Class in East Asia: Americanization, Sinicization, Japanization）」（研究課題番号：15402019、二〇〇三—〇五年度、代表者：白石隆）、「中国の台頭と東南アジア（The Rise of China and Southeast Asia）」（研究課題番号：18402015、二〇〇六—〇八年度、代表者：白石隆）、「中国の台頭と東南アジアの政治社会的変容（The Rise of China and Political and Social Changes in Southeast Asia）」（研究課題番号：21401011、二〇〇九—一一年度、代表者：HAU, Caroline Sy）によってはじめて実施できた。ここに記して、感謝いたします。

二〇一二年五月二〇日

京都、竹屋町新町の寓居にて

白石　隆

ハウ・カロライン

参照文献と注

はじめに

中国および東アジア各国の経済統計については、Asian Development Bank（ADB), 2010, Key Indicators for Asia and the Pacific の Country Tables（http://www.adb.org/Documents/Books/Key_Indicators/2010/Country.asp）、矢吹晋『〔図説〕中国力（チャイナ・パワー）――その強さと脆さ』（蒼蒼社、二〇一〇年）、ASEAN-Japan Centre「日本、ASEAN、中国の対外貿易」（http://www.asean.or.jp/ja/asean/know/statistics/3.html）、日本貿易振興機構の「海外ビジネス情報＞国・地域別情報＞アジア」（http://www.jetro.go.jp/world/asia/）、末廣昭（東京大学社会科学研究所教授）の講義資料「中国と東南アジア（1）中国の台頭と『アジアの世紀』」（講座「日中関係の多面的な相貌」ASNET講義、二〇一一年七月八日）、「中国と東南アジア（2）中国の対外膨張と大メコン圏・CLMV」（同前、二〇一一年七月一五日）所収の統計資料による。中国の軍事支出については、天児慧／三船恵美編著『膨張する中国の対外関係——パクス・シニカと周辺国』（勁草書房、二〇一〇年）五八頁による。また、アジア諸国の概況、統計、日誌、制度と人事、その他の基礎資料については、日本貿易振興機構アジア経済研究所『アジア動向年報』（各年）によるところが大きい。

「中国の台頭」「中国の上昇」「パワー・シフト」「パワー・トランジション（力の移行）」「パクス・シニカ（中国の平和）」「中国が世界を支配するとき」といったタイトルの本としては、以下のようなものがある。天児慧／三船恵美編著『膨張する中国の対外関係——パクス・シニカと周辺国』、Yong Deng and Wang Fei-Ling, eds., *China Rising: Power and Motivation in Chinese Foreign Policy*（Lanham: Rowman & Littlefield, 2005）、Martin Jacques, *When China Rules the World: The End of the Western World and the Birth of a New Global Order*（New York: Allen Lane, 2009）、David C. Kang, *China Rising: Peace, Power, and Order in East Asia*（New York: Columbia University Press, 2007）、William W. Keller and Thomas G. Rawski, eds., *China's Rise and the Balance of Influence in Asia*（Pittsburgh: University of Pittsburgh Press, 2007）、Rex Li, *A Rising China and Security in East Asia: Identity Construction and Security Discourse*（New York: Routledge, 2009）、Robert S. Ross and Zhu Feng, eds., *China's Ascent: Power, Security, and the Future of International Politics*（Ithaca: Cornell University Press, 2008）、David L. Shambaugh, ed., *Power Shift: China and Asia's New Dynamics*（Berkeley and Los Angeles: University of California Press, 2005）、Robert G. Sutter,

China's Rise in Asia: Promises and Perils (Lanham: Rowman & Littlefield, 2005)。

中国をはじめとする「新興国」の台頭がグローバル・ガヴァナンスにどのような意義をもっているかについては、G. John Ikenberry, "The Rise of China: Power, Institutions, and the Western Order," in Robert S. Ross and Zhu Feng, eds., *China's Ascent: Power, Security, and the Future of International Politics* (Ithaca: Cornell University Press, 2008, pp. 89-114)、および船橋洋一『新世界国々の興亡』(朝日新書、二〇一〇年)を参照。北京コンセンサスについては、ステファン・ハルパー、園田茂人/加茂具樹訳『北京コンセンサス——中国流が世界を動かす?』(岩波書店、二〇一一年)および白石隆「書評・北京コンセンサス」(『毎日新聞』二〇一一年三月一八日)を参照されたい。

第一章　東アジア地域秩序の変容

「東アジア地域システム——その原型」については、Peter J. Katzenstein and Takashi Shiraishi, *Network Power: Japan and Asia* (Ithaca: Cornell University Press, 1997)、白石隆『海の帝国——アジアをどう考えるか』(中公新書、二〇〇〇年)を参照されたい。

「東アジア地域システム——その変容」については、白石隆『帝国とその限界——アメリカ・東アジア・日本』(NTT出版、二〇〇四年)、Peter J. Katzenstein, *A World of Regions: Asia and Europe in the American Imperium* (Ithaca: Cornell University Press, 2005), T. J. Pempel, *Remapping East Asia: the Construction of a Region* (Ithaca: Cornell University Press, 2005) を参照。また中国外交に

おける「韜光養晦」概念の歴史については、川島真「『韜光養晦』と『大国外交』の間――胡錦濤政権の外交政策」（『国際問題』六一〇号、二〇一二年四月、三八―四八頁、http://www2.jiia.or.jp/kokusaimondai_archive/2010/2012-04_005.pdf）を参照されたい。

「『東アジア共同体』構築」については、白石隆／ハウ・カロライン「『アジア主義』の呪縛を超えて――東アジア共同体再考」（『中央公論』二〇〇九年三月号、一六八―一七九頁）、T. J. Pempel, "Soft Balancing, Hedging, and Institutional Darwinism: The Economic-Security Nexus and East Asian Regionalism," *Journal of East Asian Studies*, 10-2, 2010, pp. 209-238、T. J. Pempel, "More Pax, Less Americana in Asia," *International Relations of the Asia-Pacific*, 10-3, 2010, pp. 465-490、高原明生「中国の台頭とその近隣外交――日本外交への示唆」（経済産業研究所、二〇〇九年六月、http://www.rieti.go.jp/jp/publications/dp/09j012.pdf）、野口和彦「中国の台頭とＡＳＥＡＮ諸国の戦略――ソフト・バランシングによるリスクヘッジ」（天児慧／三船恵美編著『膨張する中国の対外関係――パクス・シニカと周辺国』勁草書房、二〇一〇年）を参照。

「ＧＭＳ（大メコン圏）協力」については、大泉啓一郎「大メコン圏（ＧＭＳ）開発プログラムとＣＬＭＶの発展――経済回廊整備で広がる可能性と日本の役割」（日本総合研究所調査部環太平洋戦略研究センター『ＲＩＭ』三〇号、二〇〇八年、http://www.jri.co.jp/MediaLibrary/file/report/rim/pdf/2716.pdf）、末廣昭／大泉啓一郎／助川成也／布田功治／宮島良明『中国の対外膨張と大メコン圏（ＧＭＳ）・ＣＬＭＶ』（〈現代中国研究拠点研究シリーズ７〉東京大学社会科学研究所、二〇一一年）による。また、メコンの交通ルートの現状については、橋谷弘「中国雲南省と東南アジアを結ぶ交通ルートの現状――大メコン圏における水路と陸路」（http://www.tku.ac.jp/kiyou/contents/communication/33/Hashiya_Hiroshi.pdf）、メコン川上流の中国、ラオス、ミャンマー、タイ国境地帯における最近の治安状況と共同パトロール体制の編成については、Brian McCartan, "Chinese Gunboats on the Mekong," (http://www.atimes.com/atimes/Southeast_Asia/ML17Ae01.html）を参照。

「南シナ海の領土問題」については、Carlyle A. Thayer, *Southeast Asia: Patterns of Security Cooperation* (Canberra: Australian Strategic Policy Institute, 2010) がよい。また、飯田将史「中国・ASEAN関係と東アジア協力」（国分良成編『中国政治と東アジア』慶応義塾大学出版会、二〇〇四年、三一五―三四〇頁）、『平成一六年度国際安全保障コロキアム―中国の台頭とアジアの安全保障―報告書』（防衛研究所、二〇〇四年）、寺島紘士「どうなる⁉海底資源をめぐる日中の角逐」（『世界の艦船』二〇〇四年一一月号）を参照。

「中国の変容」については、清水美和「対外強硬姿勢の国内政治」（国分良成編『中国は、いま』岩波新書、二〇一一年）による。また、清水美和「中国外交の09年転換とその背景」（「中国・インドの台頭と東アジアの変容」第五回研究会報告、二〇一一年九月八日、日本貿易振興機構アジア経済研究所、http://www.ide.go.jp/Japanese/Publish/Download/Seisaku/1109_shimizu.html）および、高原明生「中国の外交方針の変遷」（「中国・インドの台頭と東アジアの変容」第二回研究会報告、二〇一一年七月七日、日本貿易振興機構アジア経済研究所、http://www.ide.go.jp/Japanese/Publish/Download/Seisaku/1108_takahara.html）も参照されたい。さらに、二〇〇八年の世界金融危機以降の東アジアの貿易動向と中国の産業高度化については、大関裕倫「世界経済危機後の東アジアの貿易動向」（日本貿易振興機構アジア経済研究所、二〇〇九年、http://www.ide.go.jp/Japanese/Publish/Download/Other/0912_01.html）および猪俣哲史の「国際産業連関分析から見た世界経済危機」（同前、http://www.shiratori.riec.tohoku.ac.jp/~takita/ARSC2009/Paper/ARSC2009_50.pdf）を参照されたい。

「米国のアジア再関与」については、オバマ大統領のオーストラリア議会での演説 "US President Barack Obama's speech to parliament," *The Australian*, November 17, 2011 (http://www.theaustralian.com.au/national-affairs/obama-in-australia/obamas-speech-to-parliament/story-fnb0o39u-1226197973237）が役に立つ。なお、米国を中心とするハブとスポークの地域的な安全保障システムが現実にどのようなかたちで運用されているかを見る一つの方法は、共同軍事演習をマクロ的に観察することである。廣瀬律子「東アジアにおける共同演習と国際秩序」（未定稿、二〇一一年）はその意味できわめて重要な知見を提供する。廣瀬によれば、一九八〇年代（一九八一―九〇年）の冷戦の時代には、東アジアで合計四〇五回の共同演習が実施され、そのうち、米日（二二五）、米豪（五一）、米韓（三〇）、米タイ（一七）、米比（六）の共同演習が合計三二九回、八一％パーセントを占めた。共同演習の頻度は、二〇〇〇年代（二〇〇一―〇九年）には、九九六回に増加した。そのうち、米国とその同盟国の共同演習は、米日（二〇一）、米豪（八九）、米比（八六）、米韓（三一）、米タイ（二六）で合計四三三回、四三%、それに加え、米印（四四）、豪州・ニュージーランド（四三）、豪州・タイ（三九）、豪州・シンガポール（二八）、シンガポール・インドネシア（三〇）等の共同演習が増加した。その意味で、東アジアのハブとスポークの安全保障システムには、ハブとスポークからネットワーク型へ、変化のきざしがすでに見えている。

「日本の対応」については、白石隆「アジアと向き合う日本外交を考える」（『外交』二〇一〇年一月創刊号、四二―五一頁）を参照。

「東アジアからアジア太平洋へ」については、白石隆「地球を読む――新・地域協力『アジア太平洋連携』へ回帰」（『読売新聞』二〇一一年二月六日）を参照。

第二章　周辺諸国の行動

リアリズムの国際政治学において国家の行動を描写する用語の簡潔な整理としては、John J. Mearsheimer, *The Tragedy of Great Power Politics*（New York: Norton, 2001）がよい。また「限定的連携」については、John D. Ciorciari, *The Limits of Alignment: Southeast Asia and the Great Powers since 1975*（Washington D.C.: Georgetown University Press, 2010）を参照。なお、本章では「生産性の政治」「経済成長の政治」という用語を多用しているが、これは本来、Charles S. Maier, "The Politics of Productivity: Foundations of American International Economic Policy after World War II," in Peter J. Katzenstein, ed., *Between Power and Plenty: Foreign Economic Policies of Advanced Industrial States*（Madison: University of Wisconsin Press, 1978, pp. 23-50）による。

「タイ」については、山影進「タイとＣＬＭＶ」（国際協力機構・国際協力機構研修所『タイ国別援助研究会報告書――「援助」から「新しい協力関係」へ』二〇〇三年、一八三頁）、大泉啓一郎『消費するアジア――新興国市場の可能性と不安』（中公新書、二〇一一年）、ティティナン・ポンスヒラ「タイ――安全保障の展望、対外関係のトレンド、国内の危機」（『第一回アジア太平洋安全保障ワークショップ――アジア太平洋諸国の安全保障上の課題と国防部門への影響』〈国際共同研究シリーズ5〉防衛省防衛研究所、二〇一〇年）によるところが大きい。また、近年のタイ政治経済については、Pasuk Phongpaichit and Chris Baker, eds., *Thai Capital: After the 1997 Crisis*（Bangkok: Silkworm Books, 2008）および *A History of Thailand*（Kuala Lumpur: Cambridge University Press, 2005）を合わせ参照されたい。

「インドネシア」については、白石隆「分権と成長の民主主義――インドネシアの試み」（『アステイオン』七一号、二〇〇九年、一〇七―一二六頁）、リザール・スクマ「インドネシア――安全保障の展望、国防政策と地域協力」（『第一回アジア太平洋安全保障ワークショップ――アジア太平洋諸国の安全保障上の課題と国防部門への影響』）、Ann Marie Murphy, "US Rapprochement with Indonesia: From Problem State to Partner," *Contemporary Southeast Asia*, 32-3, December 2010, pp. 362-387、佐藤百合「インドネシアから見た中国のプレゼンス」（未定稿、貿易研修センター・アジア研究会公開シンポジウム「中国の東アジア協力と日本」二〇一二年二月九日）による。

「ヴェトナム」については、グエン・ヴー・トゥン「ベトナム――国家安全保障への新たなアプローチと国防・外交政策への影響」（『第一回アジア太平洋安全保障ワークショップ――アジア太平洋諸国の安全保障上の課題と国防部門への影響』）、Frederick Z. Brown, "Rapprochement between Vietnam and the United States," *Contemporary Southeast Asia*, 32-3, December 2010, pp. 317-342による。

「ミャンマー」については、藤田幸一「ミャンマーの『貧困』問題――食料政策との関連を中心に」（工藤年博編『ミャンマー経済の実像――なぜ軍政は生き残れたのか』アジア経済研究所、二〇〇八年）、ティン・モン・モン・タン「ミャンマー――国家および国軍の安全保障上の課題」（『第一回アジア太平洋安全保障ワークショップ――アジア太平洋諸国の安全保障上の課題と国防部門への影響』）による。最近の動向については、International Crisis Group, "Myanmar: A New Peace Initiative," *Asia Report*, 214, November 30, 2011（http://www.crisisgroup.org/~/media/Files/asia/south-east-asia/burma-myanmar/214%20Myanmar%20-%20A%20New%20Peace%20Initiative.pdf）がよい。なお、Bertil Lintner, "Myanmar in the Middle: China embrace too strong for Naypyidaw," November 29, 2011（http://www.atimes.com/atimes/Southeast_Asia/MK29Ae01.html）および"The Master Plan for Myanmar," February 10, 2012（http://www.atimes.com/atimes/Southeast_Asia/NB10Ae01.html）は、中国にこれ以上、依存するのを避けたいというミャンマー国軍の安全保障上

の考慮が民政移管以降の新政権の政策転換の大きな要因であるとする。ネ・ウィン時代における中国のビルマ共産党支援を考えれば、この説明もかなり説得力がある。また、ミッソン・ダム建設中止以降の中国の対ミャンマー外交ついては、Yun Sun, "New Balance in China, Myanmar ties," October 13, 2011（http://www.atimes.com/atimes/Southeast_Asia/MJ13Ae02.html）および Melody Kemp, "China Presses Myanmar on Stalled Dam," February 7, 2012（httm://www.atimes.com/atimes/Southeast_Asia/NB07Ae01.html）が参考になる。

第三章　中国の経済協力

中国からヴェトナムへの移民については、Nguyen Van Chinh, "Contemporary Migration from China to Vietnam: Patterns, Trends and Policy Response," paper presented at the Center for Sourheast Asian Studies, Kyoto University and the National Graduate Institute for Policy Studies, International Workshop on The Rise of China and the Transformation of Southeast Asia: National, International and Transnational Perspectives, January 21-22, 2012, Kyoto による。グエン・ヴァン・チン（Nguyen Van Chinh）によれば、モンカイ・東興の国境ゲートだけで、二〇〇六年に一三一万人が中国からヴェトナムに、一七万人がヴェトナムから中国に入国した。越境者数は毎年一五―二〇％の割合で増加しつつある。また、近年のラオスにおける「新華僑」については、ケオラ・クッスニラン「ラオスにおける中印の進出について――貿易、投資および人的交流を中心に」（未定

稿、「中国・インドの台頭と東アジアの変容」第七回研究会報告、二〇一一年一〇月一三日、日本貿易振興機構アジア経済研究所）による。中国の台頭にともなうジャスミン米市場の変化については、宮田敏之「中国市場とタイ産香り米ジャスミン・ライス――なぜ、世界最大の米生産国中国がタイ米を輸入するのか？」（http://www.rieti.go.jp/jp/publications/summary/11010010.html）による。

「対外政策手段としての経済協力」については、小林誉明「中国の援助政策――対外援助改革の展開」（『開発金融研究所報』三五号、二〇〇七年一〇月、一〇九―一四七頁、http://www.jbic.go.jp/ja/investment/research/report/archive/pdf/35_06.pdf）、渡辺紫乃「中国の対外援助外交」（日本国際問題研究所、二〇〇七年、http://www.jiia.or.jp/column/201007/02-watanabe.html）によるところが多い。中国の発展途上国向け融資については、"China's lending hits new heights," *Financial Times*, January 17, 2000（http://www.ft.com/intl/cms/s/0/488c60f4-2281-11e0-b6a2-00144feab49a.html#axzz1euurZLQp）による。また、伊藤剛「援助供与国としての中国」（二〇〇六年七月一二日、日本貿易振興機構海外調査部『平成一八年度東アジア経済連携フォーラム』二〇〇七年三月）も参照。

「ミャンマーの事例」については、工藤年博「中緬経済関係の現状と課題――中国は『胞波』か」（貿易研修センター・アジア研究会、二〇一一年七月一二日、http://www.iist.or.jp/j/contents/asia/asiaken/021/021-2-asiaken.html）、井田浩司「中国の対ミャンマー援助・投資の実態」（二〇〇六年七月一二日、日本貿易振興機構海外調査部『平成一八年度東アジア経済連携フォーラム』二〇〇七年三月）、Earthrights International, "CHINA IN BURMA: The Increasing Investment of Chinese Multinational Corporations in Burma's Hydropower, Oil and Natural Gas, and Mining Sectors," September 2008（http://www.burmalibrary.org/docs5/China_in_Burma-ERI.pdf）、増田耕太郎「外国からの直接投資で電力不足を解消――ミャンマー」（国際貿易投資研究所、二〇〇七年三月二三日、http://www.iti.or.jp/flash93.htm）、「ミャンマー国の電力事情について」（二〇〇四年、http://www.u-zeekwyet.com/Research/mpower.htm）、石油エネルギー技術センター「中国の協力で発展するミャンマーの石油・ガス産業」（二〇一一年六月二二日、http://www.pecj.or.jp/japanese/minireport/pdf/H21_2011/2011-006.pdf）によるところが大きい。なお、中国・ミャンマー国境地域の状況については、大和総研ホールディングス・アジア事業調査室の川村淳一「『援蒋ルート』から見た中国・ミャンマー経済圏の現状」（二〇一〇年五月一〇日、http://www.dir.co.jp/publicity/column/100510.html）が参考になる。川村は二〇一〇年、マンダレーから、ミャンマー側国境のムセ、隣接する中国側の町瑞麗を越え、雲南省の昆明へ抜けている。その際、かれによれば、国境に近づくにつれて検問は厳しくなり、複数のチェックポイントで通行許可書類の確認を受けなければならなかった。道路沿いの商店の看板はビルマ語から漢字表記へ次第に変化し、中国語（普通話）が使用されるようになった。また、ムセ市内では人民元も流通し、ホテル従業員の言語も中国語（普通話）だったと記す。

「ラオスの事例」は、原洋之介／山田紀彦／ケオラ・スックニラン「中国との関係を模索するラオス」（経済産業研究所、二〇一一年一月、http://www.rieti.go.jp/jp/publications/summary/11010016.html）、また融資平台（プラットフォーム）については、花木出「中国の経済と政治について」（未定稿、日本貿易振興機構、二〇一一年二月）による。融資平台については、柴田聡『チャイナ・インパクト』（中央公論新社、二〇一一年）も合わせ参照されたい。さらに、ラオスにおける水力資源開発については、アヴィヴァ・イムホフ／シャノン・ローレンス／カール・ミドルトン「ラオスの水力発電開発——概観」（http://www.internationalrivers.org/files/attached-files/powersurge_overview_japanese.pdf）、藤村和広「今日のラオスに於ける中国の進出——備忘録：現地報道の定点観測（二〇〇七年三月から二〇〇九年二月まで）」（『立命館国際地域研究』三〇号、二〇〇九年一二月、http://www.ritsumei.ac.jp/acd/re/k-rsc/ras/04_publications/ria_ja/30_07.pdf）を参照。「インドネシアの事例」については、古宮正隆「米中関係の中の日本と東南アジア——インドネシアの視点」（未定稿、二〇〇九年）、フィリピンのスキャンダルについては、Veronica Uy, "Chinese embassy, Filipino-Chinese group slam Santiago 'slur'," *Philippine Daily Inquirer*, September 27, 2007, http://globalnation.inquirer.net/news/breakingnews/view_article.php?article_id=91094）による。

ロバート・カプランの引用は、船橋洋一『新世界国々の興亡』（朝日新書、二〇一〇年、一四〇頁）による。また、朝貢システムの概念的拡張の例としては、Giovanni Arrighi, Po-Keung Hui, Ho-Fung Hung, and Mark Selden, "Historical Capitalism, East and West," in Giovanni Arrighi, Takeshi Hamashita and Mark Selden, eds., *The Resurgence of East Asia: 500, 150 and 50 year perspectives* (London and New York: Routledge, 2003) を参照。

本章は最近の東洋史、日本史研究者の著作に全面的に負っている。門外漢の率直な印象では、一三―一九世紀の東アジアについて日本語で発表された歴史研究の業績は、英語の業績と比較して、もっと豊かで、ニュアンスに富み、これが日本語でしか読めないというのはきわめて惜しいことである。「中国」史をどうとらえるか、これについてもっとも簡潔で要領のよい作品としては、岸本美緒／浜口允子『東アジアの中の中国史』（放送大学教育振興会、二〇〇三年）がある。本章冒頭の「中国」の定義は、本書（一一―一二頁）による。

「大元モンゴルの時代」については、杉山正明『クビライの挑戦――モンゴル海上帝国への道』（朝日選書、一九九五年）と『モンゴル帝国の興亡』（上―軍事拡大の時代、下―世界経営の時代、講談社現代新書、一九九六年）、岡田英弘『世界史の誕生――モンゴルの発展と伝統』（ちくま文庫、一九九九年）と『モンゴル帝国から大清帝国へ』（藤原書店、二〇一〇年）、また元寇については、村井章介『北条時宗と蒙古襲来――時代・世界・個人を読む』（ＮＨＫブックス、二〇〇一年）による。

「大明の時代」「一六世紀末・一七世紀初頭の東アジア」「大清の時代」については、上田信の好著『海と帝国——明清時代』〈中国の歴史9〉講談社、二〇〇五年）によるところがきわめて大きい。朝貢システム、そこから排除された海上勢力の歴史、互市システムの意義については、もっぱら上田による。本書の歴史比較でも論じる通り、朝貢システムは、近年、世界システム研究において大いに注目されているが、その理解はかなり粗雑で、上田の業績はその意味で大きい。なお、アジアの海の歴史の先駆的研究としては、田中健夫『倭寇——海の歴史』（講談社学術文庫、二〇一二年）を合わせ参照されたい。清代については、吉澤誠一郎『清朝と近代世界——19世紀』（岩波新書、二〇一〇年）にもよる。明代における足利義満の朝貢と冊封については、村井章介「倭寇と『日本国王』」（荒野泰典／石井正敏／村井章介編『倭寇と「日本国王」』〈日本の対外関係4〉吉川弘文館、二〇一〇年）による。また、東南アジアにおける華人のディアスポラの成立については、Wang Gungwu, "Merchants Without Empire: The Hokkien Sojourning Communities," in *Community and Nation: Essays on Southeast Asia and the Chinese* (Singapore: Heinemann Educational Books, 1981, pp. 70-74)、*The Nanhai Trade: the Early History of Chinese Trade in the South China Sea* (Singapore: Eastern Universities Press, 2003)、および Geoff Wade and Sun Laichen, eds., *Southeast Asia in the Fifteenth Century: The China Factor* (Hong Kong: Hong Kong University Press, 2010) を参照されたい。徳川の対外政策については、ロナルド・トビ『「鎖国」という外交——新視点近世史』（〈日本の歴史9〉小学館、二〇〇八年）によるところが大きい。また日清関係における互市システムの制度化については、荒野泰典「近世的世界の成熟」（荒野泰典／石井正敏／村井章介編『近世的世界の成熟』〈日本の対外関係6〉吉川弘文館、二〇一〇年）と岩井茂樹「『華夷変態』後の国際社会」（同前）による。なお、一六〇〇年の日本の人口は速水融編『歴史のなかの江戸時代』（藤原書店、二〇一一年）による。

「歴史の比較」において、朝貢システム論の例として批判的に取り上げたのは David C. Kang, *East Asia Before the West: Five Centuries of Trade and Tribute* (New York: Columbia University Press, 2010) であるが、David C. Kang, *China Rising: Peace, Power, and Order in East Asia* (New York, Columbia University Press, 2007) も合わせ参照されたい。また、欧州における戦争と近代国家形成については、Charles Tilly, *Coercion, Capital and European States: AD 990-1992* (Oxford: Blackwell, 1992)、それとの比較での中国経済国家論としては、R. Bin Wong, *China Transformed: Historical Change and the Limits of European Experience* (Ithaca: Cornell University Press, 1997) を参照。冊封朝貢体制の定義は、川島真／毛里和子『グローバル中国への道程——外交１５０年』〈叢書・中国的問題群12〉岩波書店、二〇〇九年）による。また、濱下武志の朝貢貿易システムについての簡潔な説明としては、Takeshi Hamashita, "The Intra-regional System in East Asia in Modern Times," in Peter J. Katzenstein and Takashi Shiraishi, eds., *Network Power: Japan and Asia* (Ithaca: Cornell University Press, pp. 113-135) を参照されたい。なお、明の時代に、山と海が東南アジアと中国の交通にとっていかに大きな障碍と受けとめられていたかについては、Oliver W. Wolters, *The Fall of*

Srivijaya in Malay History (Ithaca: Cornell University Press, 1970)、特に二二一—二三頁を参照されたい。清末、朝貢システムが言語のレヴェルでいかに受けとめられたかについては、小泉順子「一八八〇年代中葉におけるシャムの対仏・対清関係」(『東洋史研究』七〇—一、二〇一一年、六七—九九頁)。

第五章 アングロ・チャイニーズの世界

「『まなざし』の変化」については、たとえば、Pasuk Phongpaichit and Chris Baker, *Thailand's Boom!* (Bangkok: Silkworm Books, 1996)、Kasian Tejapira, "Imagined Uncommunity: The Lookjin Middle Class and Thai Official Nationalism," in Daniel Chirot and Anthony Reid, eds., *Essential Outsiders: Chinese and Jews in the Modern Transformation of Southeast Asia and Central Europe* (Seattle and London: University of Washington Press, 1997, pp. 75-98)、Caroline S. Hau, "Conditions of Visibility: Resignifying the 'Chinese'/'Filipino' in Mano Po and Crying Ladies," *Philippine Studies*, 53-4, 2005, pp. 491-531を参照されたい。また「近代中国」がいかにハイブリッドな存在であるかについては、たとえば、川島真の好著『近代国家への模索 1894—1925』(岩波新書、二〇一〇年)を参照されたい。なお、曾国藩の政治的理解は明らかに中国の古典によって伝えられた歴史的知識に根拠づけられていた。吉澤誠一郎は『清朝と近代世界——19世紀』(岩波新書、二〇一〇年)において、一八七〇年、曾国藩が日本について書いた次のような文章を曾国藩全集から引用す

る。「元の世祖（クビライ）のような強い者が一〇万の軍で日本を攻めたのに一隻の船も帰らず、明代の倭寇は東南地域を蹂躙して大きな被害を与えたのに、これを懲らしめた事例を聞きません。日本は前の時代のことをよく知っていて、もともと中国を恐れる心をもたず、かねてから我々を隣邦と称してもいるので、朝鮮・琉球・越南のような臣属の国とは異なるのです」

「東南アジアのチャイニーズ——その先史」については、Sun Laichen, "Assessing the Ming Role in China's Southern Expansion," in Geoff Wade and Sun Laichen, eds., *Southeast Asia in the Fifteenth Century: The China Factor*（Singapore and Hong Kong: NUS Press and Hong Kong University Press, 2010, pp. 44-79）、Edgar Wickberg, *The Chinese in Philippine Life, 1850-1898*（New Haven and London: Yale University Press, 1965）、Wang Gungwu, "Cultural Centres for the Chinese Overseas," in Gregor Benton and Hong Liu, eds., *Diasporic Chinese Ventures: The Life and Work of Wang Gungwu*（London and New York: RoutledgeCurzon, 2004, pp. 210-226）、Anthony Reid and Zheng Yangwen, *Negotiating Asymmetry: China's Place in Asia*（Singapore: NUS Press, 2009）による。また、白石隆『海の帝国——アジアをどう考えるか』（中公新書、二〇〇〇年）参照。

「チャイニーズの形成」については、Allen Chun, "Pariah Capitalism and the Overseas Chinese of Southeast Asia: Problems in the Definition of the Problem," *Ethnic and Racial Studies*, 12-2, 1989, pp. 233-56、Charles A. Coppel, "Patterns of Chinese Political Activity in Indonesia," in J. A. C. Mackie, ed., *The Chinese in Indonesia: Five Essays*（Honolulu: University Press of Hawaii, Honolulu and

Australian Institute of International Affairs, 1976, pp. 19-76, 215-226)、Prasenjit Duara, "Nationalists among Transnationals: Overseas Chinese and the Idea of China, 1900-1911," in Aihwa Ong and Donald Nonini, eds., *Ungrounded Empires: The Cultural Politics of Modern Chinese Transnationalism* (New York and London: Routledge, 1997, pp. 39-60)、John Fitzgerald, "The Nationless State: The Search for a Nation in Modern Chinese Nationalism," *The Australian Journal of Chinese Affairs*, 33, January 1995, pp. 75-104、Yingjie Guo, *Cultural Nationalism in Contemporary China: The Search for National Identity under Reform* (London and New York: Routledge, 2004)、Meredith Oyen, "Communism, Containment and the Chinese Overseas," in Zheng Yangwen, Hong Liu, and Michael Szonyi, eds., *The Cold War in Asia: The Battle for Hearts and Minds* (Leiden and Boston: Brill, 2010, pp. 59-93)、Leo Suryadinata, "China's Economic Modernization and the Ethnic Chinese in ASEAN: A Preliminary Study," in Leo Suryadinata, ed., *Southeast Asian Chinese and China: The Politico-Economic Dimension* (Singapore: Times Academic Press, 1995, pp. 193-215)、Wang Gungwu, "The Limits of Nanyang Nationalism, 1912-1937," in *Community and Nation: Essays on Southeast Asia and the Chinese* (Singapore: Heinemann, 1981, pp. 142-58)、Edgar Wickberg, "Hokkien-Philippines Familial Transnationalism, 1949-1975," in Maria N. Ng and Philip Holden, eds., *Reading Chinese Transnationalisms: Society, Literature, Film* (Hong Kong: Hong Kong University Press, 2006) による。

また hitaci は相沢信広氏のご教示による。

「『日本化』と『アングロ・サクソン化』」と「アングロ・チャイニーズの台頭」については、中国の歴史を中央アジアとのハイブリッド化のプロセスとして捉える研究として、杉山正明『疾駆する草原の征服者――遼西夏金元』（〈中国の歴史8〉講談社、二〇〇五年）と岡田英弘『モンゴル帝国から大清帝国へ』（藤原書店、二〇一〇年）を参照。「『日本化』と『アングロ・サクソン化』」については以下による。川島真『近代国家への模索　1894―1925』、石川禎浩『中国共産党成立史』（岩波書店、二〇〇一年）、白石隆／ハウ・カロライン「『アジア主義』の呪縛を超えて――東アジア共同体再考」（『中央公論』二〇〇九年三月号、一六八―一七九頁）、山本信人「リム・ブーンケンによる『近代的中国人』の創造――『進歩』の時代における初期南洋華人ナショナリズム研究試論」（『法学研究』六八―五、一九九五年、二七―六六頁）、鬼丸武士『コミンテルン・ネットワークと帝国――上海、一九三一、「ヌーラン事件」の闇』（早山出版工房、二〇一三年刊行予定）、李元瑾『林文慶的思想――中西文化的匯流与矛盾』（新加坡：新加坡亜洲研究学会、一九九一年）、劉朝暉『超越郷土社会――一個僑郷村落的歴史文化与社会結構』（中山大学人類学民族学文叢、北京：民族出版社、二〇〇五年）、王彬彬「現代漢語中的日語『外来語』問題」（http://www.zhaojun.com/youci/riyu.htm）、Elizabeth Chandra, "Fantasizing Chinese/Indonesian Hero: Njoo Cheong Seng and the Gagaklodra Series," *Archipel*, 82, 2011, pp. 83-113、Chang Kwang-chi, "China on the Eve of the Historical Period," in Michael Loewe and Edward L. Shaughnessy, eds., *The Cambridge History of Ancient China: From the Origins of Civilization to 221 B.C.* (Cambridge, UK: Cambridge

University Press, 1999, pp. 33-73)′ Arif Dirlik, "Socialism in China: A Historical Overview," in Kam Louie, ed., *The Cambridge Companion to Modern Chinese Culture* (Cambridge, UK: Cambridge University Press, 2008, pp. 155-72)′ Edward Friedman, "Reconstructing China's National Identity: A Southern Alternative to Mao-Era Anti-Imperialist Nationalism," *The Journal of Asian Studies*, 53-1, 1994, pp. 67-91′ Caroline S. Hau and Takashi Shiraishi, "Daydreaming about Rizal and Tetcho: On Asianism as Network and Fantasy," *Philippine Studies*, 57-3, 2009, pp. 329-388′ Leo Ou-fan Lee, *Shanghai Modern: The Flowering of a New Urban Culture in China, 1930-1945* (Cambridge and London: Harvard University Press, 1999)′ Lu Yan, *Re-Understanding Japan: Chinese Perspectives, 1895-1945* (Honolulu: Association for Asian Studies and University of Hawaii Press, 2004)′ Shih Shu-mei, *The Lure of the Modern: Writing Modernism in Semicolonial China, 1917-1937* (Berkeley, Los Angeles and London: University of California Press, 2001)′ Pramoedya Ananta Toer, *Anak Semua Bangsa: Sebuah Roman* (Jakarta: Hasta Mitra, 1980)′ Wang Fan-sen, *Fu Ssu-nien: A Life in Chinese History and Politics* (Cambridge, UK: Cambridge University Press, 2000)′ Wang Gungwu, "Cultural Centres for the Chinese Overseas," in Gregor Benton and Hong Liu, eds., *Diasporic Chinese Ventures: The Life and Work of Wang Gungwu* (London and New York: RoutledgeCurzon, 2004, pp. 210-226)′ Lea E. Williams, *Overseas Chinese Nationalism: The Genesis of the Pan-Chinese Movement in Indonesia, 1900-1916* (Glencoe, Ill.: The Free Press, 1960)′ Wong Siu-lun, *Sociology and Socialism in Contemporary China* (London: Routledge and Kegan Paul, 1979)。

「ふたたび、『中国』とチャイニーズについて」の「龍の子孫の博物館」は二〇一二年一月六日に撮影。この博物館における文化と政治についての理解は、Kasian Tejapira との意見交換によるところが大きい。リリアン・トゥーについては、Lillian Too's Official Website (http://www.lillian-too.com/) を参照。チットラー・ゴーナンタキアットについては、二〇〇九年一〇月一九日のインタヴューによる。また、Kupluthai Pungkanon, "Tales of the Father," *Daily Xpress*, December 29, 2008, (http://www.dailyxpress.net/2008/12/29/lifestyle_5242.php.) を参照。テレビ・アニメ「喜羊羊与灰太狼(シーヤンヤンとホイタイラン)」については、「上海余話――中国アニメの逆襲」(『産経ニュース』二〇一一年一一月二八日、http://sankei.jp.msn.com/world/news/111128/chn11112803060000-n1.htm) および、"Chinese Cartoon to Land in International Market," (2009, english.cctv.com/20090703/101654.shtml)、「閩南」については、Magic Min'nan (Xiamen: Xiamen Min'nan Tourism and Culture Industry Co. Ltd., 2010)、"Ancient Imperial Language of China―2,000 Years Ago," (http://iangohs.wordpress.com/2009/01/02/ancient-imperial-language-of-china-2000-years-ago/) を参照。なお、近年の「中国」の表象とその分析については、以下による。李政賢『馬来西亜「光華日報」的中国認識』(台北市:台湾大学政治学系中国大陸暨両岸関係教学与研究中心、二〇〇九年)、邱淑婷『中日韓電影――歴史、社会、文化』(Hong Kong: The Hong Kong University Press, 2010)、David Bordwell, *Planet Hong Kong: Popular Cinema and the Art of Entertainment* (Cambridge, Ms.:

Harvard University Press, 2000）、Chua Beng Huat, *Life is Not Complete without Shopping: Consumption Culture in Singapore*（Singapore: Singapore University Press, National University of Singapore, 2003）、Hsiau A-chin, *Contemporary Taiwanese Cultural Nationalism*（London and New York: Routledge, 2000）、Law Kar and Frank Bren（with the collaboration of Sam Ho）, *Hong Kong Cinema: A Cross-Cultural View*（Lanham, Md. and Toronto and Oxford: The Scarecrow Press, Inc., 2004）、Eric K. W. Ma, *Culture, Politics and Television in Hong Kong*（London and New York: Routledge, 1999）、Gina Marchetti, *Andrew Lau and Alan Mak's Infernal Affairs–The Trilogy*（Hong Kong: University of Hong Kong Press, 2007）、Stephen Teo, *Hong Kong Cinema: The Extra Dimension*（London: British Film Institute Publishing, 1997）、Yau Shuk-Ting Kinnia, "The Early Development of East Asian Cinema in a Regional Context," *Asian Studies Review*, 33, 2009, pp. 161–73。

中公新書刊行のことば

いまからちょうど五世紀まえ、グーテンベルクが近代印刷術を発明したとき、書物の大量生産は潜在的可能性を獲得し、いまからちょうど一世紀まえ、世界のおもな文明国で義務教育制度が採用されたとき、書物の大量需要の潜在性が形成された。この二つの潜在性がはげしく現実化したのが現代である。

いまや、書物によって視野を拡大し、変りゆく世界に豊かに対応しようとする強い要求を私たちは抑えることができない。この要求にこたえる義務を、今日の書物は背負っている。だが、その義務は、たんに専門的知識の通俗化をはかることによって果たされるものでもなく、通俗的好奇心にうったえて、いたずらに発行部数の巨大さを誇ることによって果たされるものでもない。現代を真摯に生きようとする読者に、真に知るに価いする知識だけを選びだして提供すること、これが中公新書の最大の目標である。

私たちは、知識として錯覚しているものによってしばしば動かされ、裏切られる。私たちは、作為によってあたえられた知識のうえに生きることがあまりに多く、ゆるぎない事実を通して思索することがあまりにすくない。中公新書が、その一貫した特色として自らに課すものは、この事実のみの持つ無条件の説得力を発揮させることである。現代にあらたな意味を投げかけるべく待機している過去の歴史的事実もまた、中公新書によって数多く発掘されるであろう。

中公新書は、現代を自らの眼で見つめようとする、逞しい知的な読者の活力となることを欲している。

一九六二年一一月

白石 隆（しらいし・たかし）

1950年生. 東京大学教養学部教養学科卒業. コーネル大学 Ph.D.. 東京大学教養学部助教授, コーネル大学教授, 京都大学東南アジア研究センター教授を経て, 政策研究大学院大学学長. 2007年, 紫綬褒章受章.

主著 *An Age in Motion: Popular Radicalism in Java, 1912-1926* (Ithaca: Cornell University Press, 1990, 大平正芳記念賞)
『海の帝国』（中公新書, 2000年, 読売・吉野作造賞）

ハウ・カロライン（HAU, Caroline）

1969年生. フィリピン大学卒業. コーネル大学 Ph.D.. フィリピン大学講師, 助教授を経て, 京都大学東南アジア研究センター准教授.

主著 *Necessary Fictions: Philippine Literature and the Nation, 1946-1980* (Quezon City: Ateneo de Manila University Press, 2000)
On the Subject of the Nation: Filipino Writing from 1981 to 2004 (Quezon City: Ateneo de Manila University Press, 2005)

中国《ちゅうごく》は東《ひがし》アジアをどう変《か》えるか
中公新書 2172

2012年7月25日発行

著 者 白石 隆
　　　ハウ・カロライン
発行者 小林敬和

本文印刷 三晃印刷
カバー印刷 大熊整美堂
製 本 小泉製本

発行所 中央公論新社
〒104-8320
東京都中央区京橋 2-8-7
電話 販売 03-3563-1431
　　 編集 03-3563-3668
URL http://www.chuko.co.jp/

Published by CHUOKORON-SHINSHA, INC.
Printed in Japan ISBN978-4-12-102172-4 C1231

中公新書

政治・法律

中公新書

政治・法律

h2

108 国際政治　高坂正堯
1686 国際政治とは何か　中西寛
1106 国際関係論　中嶋嶺雄
2114 世界の運命　ポール・ケネディ　山口瑞彦訳
1899 国連の政治力学　北岡伸一
2133 文化と外交　渡辺靖
113 日本の外交　入江昭
1000 新・日本の外交　入江昭
1825 北方領土問題　岩下明裕
2068 ロシアの論理　武田善憲
1727 ＯＤＡ（政府開発援助）　渡辺利夫　三浦有史
1767 アメリカ大統領の権力　砂田一郎
1751 拡大ヨーロッパの挑戦　羽場久浘子
1846 膨張中国　読売新聞中国取材団
2106 メガチャイナ　読売新聞中国取材団
2172 中国は東アジアをどう変えるか　白石隆　ハウ・カロライン